老樹創意

老樹創意

老樹創意

老樹創意

打開你生命的背包，
重新整理，再出發！

同學會的啟示

江楓◎著

（原書名：打開你的背包）

前言

我們都知道長途跋涉的人，得裝備必要的行囊。其大小、款式、色彩，則各取所需，因人而異。人生亦然，我們每個人都不是空手前行的，同樣會根據自己所好、所求，攜帶自己認為人生中所需的「寶貴」之物。每個人的行囊大小不同，取向各異，有的人在人生中獲得快樂，有的人卻只顧自己的背包，忘記了自己的生活和注意人生之路上的路標。他們大部分的時間在迷路中度過，把時間和精力關注在自己行囊中那些「耀眼」的東西，卻絲毫沒對這些東西的選擇產生過懷疑！

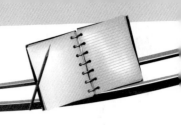

這是一本教人如何讓生活變得更加簡單的書。當一個人在社會上經歷了一些風風雨雨之後，他們會變得越來越世故，內心又會開始感到疲憊。

他們每天疲於應付各式各樣的事務，追求那些本來自己並不需要的東西，而且就在這個過程當中，他們開始把越來越多的時間用來應付「各種關係」，追求那些自己根本不必要的東西。另一方面，他們開始遠離自己曾經有過的夢想，把親情和友情也看得越來越淡，直到在人生旅途上奔波了很長一段時間之後，才想起打開自己的行囊，結果發現裡面已經裝進了太多自己並不需要的東西，而那些真正重要的，卻早已經被壓到了背包的最底層。

二〇〇三年，美國《華爾街日報》曾經用整整兩個版面做了一項調查，問題只有一個：既然已經擁有了一切，為什麼你仍然不能感到幸福？如果你也曾經有過這樣的疑問，現在或許是你重新整理自己背包的時候了。仔細想一想，或許我們真的活得太累了，我們擁有了自己想要的一切，卻感到莫名的空虛和孤寂。

本書將告訴你如何：

1.重新掌握自己的生活。
2.辨明在自己的生活當中，哪些東西是真正重要的。
3.重新審視自己的人生、工作、情感、人際關係和家庭生活。
4.重新找回你的笑容。
5.清楚找回生活對你的意義。

目錄

第一篇 精彩的同學會

生命在前行，思維在繼續，
生活還依舊，捫心自問：
為什麼我們不幸福？怎樣才能獲得幸福？
我們為什麼複雜了？我們需要什麼？
什麼是我們最需要的？
是薪水、高級轎車……
還是那份生活的真諦、那份執著？

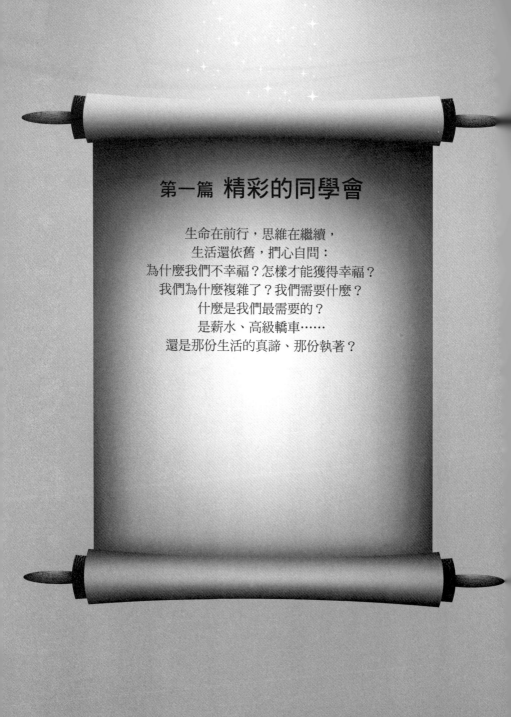

第一節　開場白

這是一場大學同學的聚會，出席的都是經過多年人生磨礪的中年人。他們有的成為重要的商界精英，有的是政界的寵兒，有的成為著名大學的教授，當然，也有不少名不見經傳，但生活多姿多彩的人……他們可以說都獲得了凡人眼中的成功和輝煌。闊別了近二十餘年的大學同學要舉行一場別開生面的聚會，你能想像那是怎樣的場面嗎？

二十多個同學，像學生時代一樣坐在他們當時的位置，一切就這樣開始了……「同學們，大家晚安！人生是一條單行道，時光不會倒流，人生之路也不會回頭，一轉眼，我們從象牙塔走出已足二十餘年，其中有歡樂，有憂傷，有挫折，有過輝煌，有過失落，但是我們都一直充滿期待和嚮往。」

當年的班長童兒先講話了。大學期間她就是這樣，只是大學時那青春活潑的齊耳學生髮型被現在這既職業又母親的長捲髮所取代，她看起來很幸福，臉部表情透露了她的生活秘密——些許安逸，亦伴隨些許的勞累！童兒不再像過去的童兒，只是聲音中還能發現那二十年前的記憶。童兒，站在講臺上，環顧了一下四周，擺弄了一下長捲髮，接著說，「二十年了，我們也許都變化不小，當然其中包括變老，而且更可以肯定的是我們會越變越老。短暫而美好的人生路你想得到什麼？你得到了什麼？單向的人生旅途中，我們的行囊越裝越滿，快樂伴隨著淚水，疲憊攜帶著嚮往——來吧！讓我們珍惜這二十年來期待已久的聚會，檢查一下我們的行囊，自由傾吐我們的感想和迷茫，從而放眼未來、挑戰自己，迎接下一個二十年的輝煌……」台下熱烈鼓掌，只是很快地，寬敞的大廳裡靜了下來，似乎只剩下大家的心跳聲。

蝴蝶張望了一下四周，覺得大家好像是被一道數學難題困住了，這在過去的數學課堂上經常出現。於是她開口了。蝴蝶當年是班上典型的小辣椒，最愛和男生們唱反調，愛幻想但很善良。「好吧！讓我給大家講個很古老，而且我一直試圖用人生去理解的故事。」

第二節　世間什麼最珍貴？

從前有一座圓音寺，每天有絡繹不絕的香客前往拜佛，香火鼎盛。在圓音寺廟前的橫樑上，有隻蜘蛛結了網，由於每天都受到香火和虔誠的祭拜熏陶，蛛蛛便有了佛性。經過一千多年的修鍊，蛛蛛的佛性增加不少。

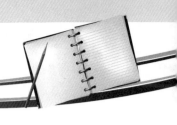

忽然有一天，佛祖光臨圓音寺，看見這裡香火鼎盛，十分高興。離開寺廟的時候，不經意地抬頭，看見了橫樑上的蜘蛛。佛祖停下來，問這隻蜘蛛：「你我相見總算有緣，我問你一個問題，看你修練了一千多年來，有什麼真知卓見。」蜘蛛能遇見佛祖非常高興，連忙答應了。佛祖問道：「世間什麼才是最珍貴的？」蜘蛛想了想，回答：「世間最珍貴的是『得不到』和『已失去』。」佛祖點了點頭，離開了。

就這樣又過了一千年的光景，蜘蛛依舊在圓音寺的橫樑上修練，佛性大增。一日，佛祖又來到寺前，對蜘蛛說道：「你還好嗎？一千年前的那個問題，你可有什麼更深的體認嗎？」蜘蛛說：「我覺得世間最珍貴的是『得不到』和『已失去』。」佛祖說：「你再好好想想，我會再來找你。」又過了一千年，有一天颳起了大風，風將一滴甘露吹到了蜘蛛網上。蜘蛛望著甘露，見它晶瑩透亮，很是漂亮，頓生喜愛之心。蜘蛛每天看著甘露很開心，牠覺得這是三千年來最開心的幾天。突然，又颳起了一陣大風，將甘露吹走了。蜘蛛一下子覺得失去了什麼，感到很寂寞和難過。這時佛祖又來了，問蜘蛛：「這一千年，你可好好想過這個問題──世間什麼才是最珍貴的？」蜘蛛想到了甘露，對佛祖說：「世間最珍貴的是『得不到』和『已失去』。」佛祖說：「好，既然你有這樣的體認，我讓你到人間走一遭吧！」

就這樣，蜘蛛投胎到了一個官宦家庭，成了富家小姐，父母為她取了個名字叫蛛兒。一晃眼，蛛兒已經十六歲，成了一名婀娜多姿的少女，出落得楚楚動人。

這一日，皇帝決定在後花園為新科狀元郎甘露中士舉行慶功宴。席間來了許多妙齡少女，包括蛛兒，還有皇帝的小公主長風。狀元郎在席間表演詩詞歌賦，大獻才藝，在場的少女無不為他傾倒。但蛛兒一點也不緊張和吃醋，因為她知道，這是佛祖賜予她的姻緣。

過了些日子，說來巧合，蛛兒陪同母親到寺廟上香拜佛的時候，正好巧遇甘露也陪同母親前來。禮拜結束後，二位長者在一旁聊開了。蛛兒和甘露便來到走廊上聊天，蛛兒很開心，終於可以和喜歡的人在一起了，但是甘露並沒有表露對她的愛慕。蛛兒對甘露說：「你難道不記得十六年前，圓音寺的蜘蛛網上發生的事情了嗎？」甘露很詫異，說：「蛛兒姑娘，妳漂亮，也很討人喜歡，但妳的想像力未免太豐富了吧。」說罷，便和母親離開了。

蛛兒回到家裡，心想，佛祖既然安排了這場姻緣，為何不讓甘露記得那件事，他為何對我沒有一點感覺?幾天後，皇帝下詔，命新科狀元甘露和長風公主完婚，蛛兒和太子芝草完婚。這一消息對蛛兒而言如同晴天霹靂，她怎麼也想不通，佛祖竟然這樣對她。幾日來，她不吃不喝，窮究急思，靈魂即將出竅，生命危在旦夕。太子芝草知道了，急忙趕來，撲倒在床邊，對奄奄一息的蛛兒說道：「那日，在後花園眾姑娘中，我對妳一見鍾情，我苦求父皇，他才答應。如果妳死了，那麼我也不想活了。」說著就拿起寶劍準備自刎。

這時，佛祖來了，他對快要出竅的蛛兒靈魂說：「蜘蛛，你可曾想過，甘露是由誰帶到你這裡來的呢？是長風公主帶來的，最後也是風將它帶走的。甘露是屬於長風公主的，他對你不過是生命中的一段插曲。而太子芝草是當年圓音寺門前的一棵小草，他看了你三千年，愛慕了你三千年，你卻不曾低下頭看過它。蜘蛛，我再問你，世間什麼才是最珍貴的？」蜘蛛瞭解真相之後，大徹大悟，她對佛祖說：「世間最珍貴的不是『得不到』和『已失去』，而是現在能把握的幸福。」剛說完，佛祖就離開了，蛛兒的靈魂也回位了。她睜開眼睛，看到正要自刎的太子芝草，她馬上打落寶劍，和太子深深的擁抱……

故事結束了，親愛的同學們，你們能體會蛛兒最後一刻所說的話嗎？世間最珍貴的不是「得不到」和「已失去」，而是現在能把握的幸福。

那麼，我的問題來了，我們幸福嗎？現在幸福嗎？什麼才是真正的幸福？我們該如何把握和珍惜現存的真正幸福？

第三節　你永遠是你自己而不是別人

崇政是當時班上的積極分子，大學時期班上第一個入黨，現在是政府的一名要員：「很感人且意味深長的故事，可愛的小辣椒，畢業已經二十年了，像童兒說的那樣，我們都變老了，只是還不那麼的明顯，但這種趨勢在繼續，而且是與日俱增。

畢業後我進入了政府部門，月薪微薄，僅能勉強維持生計。但是當時我只有一個想法和安慰，我不是為了錢才來這裡的，我有我的遠大目標和夢想。政府部門的工作並不像私人企業，我少了許多同學們的自由和灑脫，多了工作壓力、人際關係、繁縟禮節。就這樣，我為了自己的夢想苦苦地追求，我現在身為政府部門的重要主管，在家我不是好父親和好丈夫，我經常不在家，根本沒有時間陪陪兒子和太太，有時靜下來想，我得到了什麼，這就是我的追求、我的夢想？前幾天我在報章上看到一篇文章，八、九〇年代紅極一時的英國『鐵娘子』柴契爾夫人，她是任期最長的第一位英國女首相，一九八八年被評為世界政壇十大風雲人物。幾年前她丈夫因癌症去世，她自己則身體孱弱、疾病纏身，生日時只收到四張賀卡，與她顯赫時期有天壤之別。令她萬分感慨世態炎涼和孤獨憔悴，真是英雄遲暮，不堪回首話當年！一代政壇紅人，晚年如此悲涼，真是造物者弄人。

我時常在想，我可能得到了我想要的房子、汽車、嬌妻、孩子、榮譽、金錢、地位，而且，我現在還在追求、還在尋找……但是，當我一個人安靜地躺在自己美好安寧的港灣，我總是感覺到大腦的空白和靈魂的追問，我還欠缺很多，但是我不知道它們是什麼，每天為了可觸摸的和不可觸摸的而疲於奔波。有時我很疲憊，有時我急於解脫，我始終沒有找到答案，繁忙的背後隱藏著我的痛苦和不安……」說到這裡，崇政那自信的臉上佈滿了焦慮和迷茫……

小紅說話了：「大家也許知道我大學的時候，是一個很不快樂的女孩。不讀書、不戀愛，除了有時候去街上閒逛或喝酒、跳舞外，幾乎沒有其他活動。很多人都問我，當時是不是發生了什麼特別的事？事實上，當時沒有發生任何事，而是我突然間想了很多我以前沒想過的問題。也不怕你們笑話，我一直在思考所謂的人生意義，但我想來想去卻總是不明白，越想越覺得空虛、越想越覺得人生沒有意義。在這種心情下，我度過了一段悲觀迷惘、沮喪失望的日子。

大學畢業，我極不情願地去上班。可是出乎我意料的，儘管我並不喜歡這份工作，但我的心情好了很多。現在想起來，覺得大概是一方面終於有些事可做了，而不像上大學時整天無所事事，進而將自己困在一片灰色情緒中；另一方面，也因為自己可以賺錢了，想做什麼、買什麼，相對自由了些。

就這樣，我白天上班，晚上學一些自己喜歡的東西，過得倒也充實。而幾個月後，我從不明白的所謂人生意義，也突然有了豁然開朗的感覺。

那天下午，我正在看《紅與黑》，突然間，那個困惑我好幾年的問題一下子有解了。這次，就好像人們常說的有了『靈感』一樣，我的答案也一下子出現了——我想，所謂人生意義，是不是就是盡自己的努力，去做自己喜歡做的事情呢？不管成敗與否，只要去做，或者就有價值吧！我不知道這個答案是否正確，但那個下午，我覺得很高興，不僅是因為得到了這個答案，更重要的是，我也意識到了，我正在一步一步地走出灰暗。

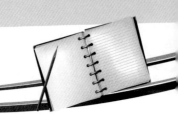

但事情總不會那麼順利。兩年後，由於工作不順心以及感情的一些波折，我再次陷入了悲觀迷惘之中，而且比上大學時更甚——什麼都不想做，什麼都提不起勁兒來，只想躺在床上，有一種找不到希望的感覺。還好這段時間並不長，而這一轉捩點是在於一次我並不想參加的旅遊。

那次是幾個朋友硬拉著我出去玩。我們開車上山，路上起霧了，而且霧越來越大。到達山頂的時候，已是黃昏時分，山上有一條小溪，幾戶人家，炊煙嫋嫋伴著雲霧繚繞，頗有幾分世外桃源的味道。或者因為風景美，空氣好，我心中的抑鬱也漸漸消散。吃過一餐清淡的農家小菜，我們幾個人在山頂閒逛。霧一直沒散去，白茫茫的一片，就好像雲在身邊跟隨，我開始跟大家一起說笑起來。而當我們都走累了，靜下來的時候，我看著下山路上的一盞盞路燈，在雲霧中，燈光四周圍繞著一圈朦朧的光環，看著它們，再次想到所謂的人生意義。這次和上次有點不同，我想，或者也不必去考慮什麼意義，只要我們能夠從困境中走出來，獲得一份平和的心境，好好生活，如果可以的話，快樂地生活下去，就算是豐盛的生命了吧！而希望總會有的，它們就像這大霧中的點點燈光。

其實，所謂人生意義，每個人的觀點、體驗都不同。現在，我已很少去想這個問題，或者這個問題並不是我所能明白的。但我很高興我思索過這個問題，雖然過程並不那麼美妙，但就在思索中，我找到了大概的方向，一是努力做自己喜歡的事情，二是在困境中，想想霧中的點點燈光，獲得充實、獲得希望，姑且就將它稱作意義吧！」

大山出身貧窮的農村，大學時靠學校的清寒補助和親戚的接濟勉強完成學業，坦然、質樸、樂觀的他，畢業後在世俗眼中事業上並不算成功，但是他總是那樣積極向上，他認為一對恩愛夫妻和可愛聰明的兒子，可以等於生活的全部，生活中的他隨時露出幸福的笑容。不愛在公眾面前講話的他，終於打破沈默：「其實我認為人的生命是一篇小說，不在長，而在好。如果你不能成為一棵大樹，那就做一叢小灌木；如果不能成為一叢小灌木，那就做一棵小草；如果你不能是一隻梅花鹿，那就做一尾小鱸魚——但要是湖裡最活潑的魚。如果你不能成為大道，那就做一條小路；如果你不能成為太陽，那就做一顆星星，決定成敗的不是體積的大小，而在於能發出耀眼的光芒。

我們不能全是船長，必須有人當水手。世間有許多事讓我們去做，有大事，有小事，重要的是我們身邊的事。你永遠是你自己而不是別人，你不能活得和別人一樣，同樣的，別人也不能和你一樣。只要你覺得幸福充實，你就應該那樣走，不要怕路的漫長和夜的黑暗。生活中我有時習慣於夜晚一個人獨自漫步，當然大部分是一家三口。當你一人漫步的時候，你會思索自己，當然也是為了家庭更好。醍醐灌頂是最大的幸福，我時常去尋找它。很多時候我能找到它，感覺它就在我的生活裡。

這就是我的生活觀、幸福觀，我並不是在逃避什麼，我有我的追求和我的執著，一個人活著就要奉獻、就要付出、就要探索、就要創造，更要善用自己的生命，哪怕是個病殘之軀，也要有品質的活著，讓有限的生命迸發出令人難以置信的火花。踏實的生活，忠於自己喜愛的工作，便成了我二十年來的執著。」

第四節　別辜負了生活

劉劇在大家眼中是典型的不務正業，他是當時全班同學中唯一留長髮的男生，喜歡藝術，愛彈吉他，習慣性動動筆，寫些詩詞，只是沒見他發表過，至少大學時期沒有。

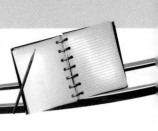

聽了大山的話，他有節奏的點了點頭，好像欣賞那首他喜歡的曲調，看來他在聽大山談話時產生了共鳴。劉劇習慣性的撥弄了一下自己「漂亮」的長髮：「是的，我很贊成大山的觀點，生活是什麼？是歡笑，是淚水，是美妙的花，是苦澀的酒，是輕鬆得不能再輕鬆的甜歌，是沉重得不能再沉重的壓抑，關鍵看你怎麼選擇、怎麼定位。生活在這棟偌大的、沒有遮擋的房子裡，在這浩瀚無盡的廣宇之間，你將成為什麼呢？在詢問別人的同時也要問問自己，看你怎樣去選擇、怎樣去感受、怎樣去對待。

品味生活就像嚼一枚青橄欖，也像吃一塊蜜糖。靜靜地佇立在自己的岸上，在這僅屬於自己的空間，一遍又一遍地提醒自己別辜負了生活、別辜負了生活中那麼多無限的給予。有的人愧對了生活，他們留給世界的是一聲無奈的歎息。有的人深悟生活的涵義，他們用自己的全部力量去拼搏、去奮鬥，忠於自己的選擇，而且充實快樂。即使有一天，年齡的導火線浸過了他們的船頭，即使他們的身體瘦弱成一具堅硬的鏵犁，仍然以耕耘的形象站立在人生的峰巔，展示一生耐人尋味、催人奮發、坦然超脫的經歷。也許他們沒有驚天動地的壯舉，沒有取得凡人眼中的榮譽、地位、富足，但他們在離開人世的時候，可以自豪地說，我們生活過了、我們給予過了，這樣，當人們以敬仰的目光尋找他們身後那深深淺淺而又充滿苦澀的軌跡時，生活給了他們至高無上的評語。我親愛的同學們，我想以下面這段話結束我的發言——

如果生活是挑戰，就迎接它；如果生活是贈予，就接受它；如果生活是風險，就承擔它；如果生活是悲傷，就戰勝它；如果生活是悲劇，就面對它；如果生活是責任，就完成它；如果生活是神秘，就揭開它；如果生活是金曲，就歌唱它；如果生活是旅程，就走完它；如果生活是允諾，就履行它；如果生活是壯美，就讚頌它；如果生活是目標，就實現它；如果生活是困惑，就解決它；如果生活是愛戀，就熱愛它！」

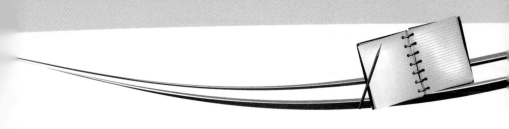

第五節　婚姻的迷惘

月兒是一個多愁善感的小女生，大學時的班花，她深愛的男友，大學時的同學，今天沒有來參加聚會，會是什麼原因呢……她說：「大學剛畢業的那幾年我們非常的幸福，像大學一樣，只是多了些柴米油鹽，就在畢業後五年的一天，我忽然懵懂了，九年的感情讓我後悔了。這種感覺讓我覺得很恐怖，不願承認自己的選擇以及這麼多年的堅持是錯誤的。愛情，在我眼裡，還是原來那樣嗎？是時間讓它變得憔悴了、乏味了嗎？有時，我會問自己，愛他嗎？不愛他了嗎？他是我的全部嗎？我鼓起勇氣想回答，可是最終還是選擇了逃避。但是，這是我的選擇、我的賭注，一個賭徒怎會輕易承認自己是輸家呢？不知從何時起，和他通電話不是為了想聽他的聲音，只是想知道他什麼時候回家，當然不是希望他早回家，而是想知道自己獨處的時間還能有多長？我很久沒有聽見他在電話的那頭對我說：『我好想妳！』真的，好久沒有那麼動聽的聲音。

我真的好想讓他現在說一百遍、一千遍。真的，只要這一句，我就知足了，這句話可以讓我溫暖好久。我是一個很容易滿足的女人、是一個只愛幻想的動物、不切實際的動物、虛榮的動物，我覺得不這樣就不是女人。可以說，我們之間什麼都沒有，金錢、地位、榮譽、車子、房子、孩子……但我曾經對認識我們的人自豪的說，我們有偉大的、至死不渝的愛情！所以我們幸福、快樂，會組成家庭，會挽著手，讓世人投以羨慕的目光，告訴全世界的人，我，是幸福的，愛，真的很充實！我愛他，他的一切！哪怕是他的缺點，在我眼裡也是一種美。他總那麼的好，會陪我買衣服，讓我打扮成他喜歡的模樣，會欣賞我，會讀我……

但一切都過去了，因為不知從何時起，我學會了自己打扮自己，用不了他了，好不容易和同事買回來的衣服，他永遠只會輕描淡寫的『嗯』一聲，不做任何評論，無論什麼，哪怕是我為家庭購買的桌布，他也只會說是浪費……我不再說什麼，應該說，我不知說什麼。也許是我錯了，我不該花錢去擺設這個家，因為簡陋不是錯……其實，這時我的心好痛，只要他說一聲真美、有眼光，我就會

滿足，對自己有信心，可是他……什麼時候，我們再也不願去瞭解愛人的心，我只能用『可悲』這個詞來形容。

從他的談吐中我發現和他有了距離，正在往兩個方向走……如果有一天，我們迷路了，結果會……我害怕家中無言的抗爭，面對電腦，他不發言，面對電視，我不開口，如果交流在我們之間消失，那我們之間還有什麼不會消失呢？每天的工作幾乎是他的全部，他好像什麼也不在乎了，除了他執著的工作。上司比我更值得，交際應酬比家庭的溝通更重要，我成了他的附屬品，或者說是個保母。我的價值何在，我成了多餘！有時我也懷疑是不是我太挑剔了、是不是我對他的理解太少、是不是我對他的要求太高？結婚五年來我一直思索、一直試圖容忍，我的感覺卻與日俱增——我要我的生活，還有那愛情和家庭。於是，我決定離開他，並且付諸行動，義無反顧！（此時的月兒已經哽咽得說不出話了。但是，『堅強的』她微微低下頭，揉了揉眼睛。）

婚姻究竟給我帶來什麼？也許它是愛情腐爛的催化劑……不，愛情是神聖的，讓我相信它吧！因為我的生命需要愛！也許是我的錯，我對愛情的期待不應該那麼的高；也許是我的錯，我不應該對生活的要求那麼多。如今，面對新的老公，我沒有再談論我的他，過去了！因為我沒有理由拿他們來比較，寧靜而安詳的生活是我最需要的，當然，我也知道自從我和他離婚後，他一直沒有再婚，這也許是他的理性選擇，但我知道他並非為了我而那樣做，而是為了他親愛的工作或者說是事業，聽人家說他過得很不好，儘管他過著所謂的高薪生活……」

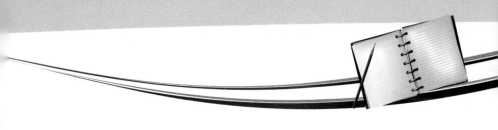

第六節　人生的抉擇與捨棄

孝敬（大學時的男班長）：「確實啊！人生就是這樣，有時你需要選擇，更需要勇於捨棄。現代的人勞累奔波，卻從來不問自己是對還是錯。

有時候我也會迷惘，生活是為了什麼？是為了誰？如果是為了自己，為什麼就是不能去過自己想要的生活？如果是為了他人，為什麼又不願意把自己所有的給予他人？人哪，到底是為了什麼而生存在這個世上呢？每天都忙碌地生活著，就是看不到一點的成績！是自己不夠努力，還是命運的福星還沒有來光顧？也有想過要放棄現在的生活，過一個沒有人理、沒有人愛的日子，一個人生活沒有什麼壓力，自給自足，不用喝了水又去想為他人準備飯！但真正有這樣的生活時，才深感其中的滋味是多麼的讓人難過，沒有人關心、愛護的日子就像是一棵沒有根的浮萍，日曬雨淋，風吹雨打，沒有停風靠岸的港灣，有種自生自滅的悲哀！

於是，我重拾了那種凡事都為他人設想的思維，做事竟然又充滿了動力和信心！我終於明白了，人活著是為了自己心愛的人，和一些關愛自己的人們！因為有他們，你所做的一切才有人關注；因為他們，你才知道自己存在的意義，那就是，自己所做的一切都有人在乎和支持！真愛相隨，因為有愛，生活就會多一點味道、多一點情調！對於生活，我們需要的是平衡，家庭和工作在我的生活中一樣重要，我不能沒有家庭，它是我避風的寧靜港灣；我也不能沒有工作，它為我的可愛小家添衣加暖、增強色彩和活力。二十年的生活改變了我很多，我學會了生活，其中當然也包括工作。我學會了勤奮工作，更懂得要時常從工作中解脫。

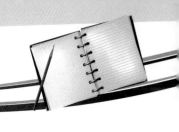

舉今年春節的例子吧！我的同學們，你們也許發現你們過去的班長如今已變成另一個模樣。是我選擇了這樣的生活，陪兒子反反覆覆看了《貓和老鼠》、《蠟筆小新》，也陪他拼完我二十年前就該完成的拼圖。

我蜷在沙發的一頭，兒子蜷在沙發的另一頭，然後一起對著電視哈哈大笑。妻子說我好像重回到年少的美好時光，而我清楚的知道和領悟這是我們想要的真正生活，平淡得像水，熱烈得似火。每當工作之餘，父子之戲，夫妻之愛，包括早晨的彩霞，我也要認真體會，從不放過。

很小的時候，我在母親的培育下，好像就學會了超脫，但這並不是教你無所事事，什麼也不做。在母親的關照下，我十分平穩地長大了，印象特別深的東西並不多，自己也習慣這種安穩的生活。我是個平庸的人，按照自己的方式生活著。朋友們常調侃我，說我的生活毫無意義。如果意義是『九一一事件』、是金融風暴、是總統出訪或者諸如銀行滅息、股市沉浮的話，我的生活真的乏味可笑、內容淺薄。我不是一個真正可以離開城市生活的人，我的愛好大都只是葉公好龍式的，這種生活狀態使我不必面對或者逼自己嚴肅地考慮許多對我而言必然的問題。那天，和兒子一起將仙人掌切下來，然後用開水燙去皮，做成糖果。我們忙碌了好久，每當客人來訪，兒子總是端出來與客人分享，告訴他們是他與爸爸一起做的仙人掌糖，這時我會看到他們眼裡的感動和不解。說實在的，我也是畢業後才學廚藝，它教了我好多，當然也教會了如何寧靜生活。

仙人掌有清熱、解毒、消炎之效，兒子自己也會做貼片，每當被蚊蟲叮咬，自己就貼上一片，小心地護著貼片在房子裡走來走去，讓人看了好笑。有時我也教他烤麵包，當然，我親愛的妻子也是這樣。兒子笑嘻嘻的表情總讓我們莫名的感動。如果人生的意義是站在人前的輝煌、是一言九鼎的威嚴或者是物質的極度豐盈，那麼這些或許是平庸的我終其一生也走不到的彼岸，對於命中註定走不到的彼岸，我不會勉強自己或者身邊的人。

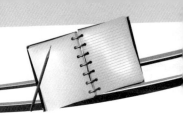

春節的時候，大樓下草坪裡的花和樹都被搬走了，上面鋪滿了沙，很多人都在抱怨。

那天我剛回來，兒子便扯著我的領帶，我們父子二人在沙裡打滾，周圍還放著盛沙的玩具，我的衣服上沾滿了沙子，但我在此時卻感覺到了很多人所遠離的快樂。在別人眼裡，人生的意義並不是與兒子找遍所有頻道搜索動畫片的隨意；或者與他一起漫不經心地把拼圖拼了又拆、拆了又拼；或者是帶他去過晃來晃去的吊橋時，和他高興地在橋上使勁晃而被別人罵瘋子。我本就不是一個純粹追求人生意義的人，所以我不會以意義來衡量我的生活或者打探周圍的世界。有朋友打電話問我春節是怎麼過的，我隨口說『餓來食飯瞓來眠』。她笑了半天，然後加一句，『天啊！你的生活真沒意義』。我想告訴她我從沒有以意義來評價過生活本身，但我發現我無話可說。大年初二，看到兒子將別人扔掉的廢電池撿起，一路小心地拿回家後放在家裡專門盛廢電池的盒子裡，我在想，有一天他長大了，會不會回想起他小時候做的這些事？」

大家都沈默了……誰都沒有想到昔日的老班長會如此生活，更沒有想到他會如此的快樂，很多人都在追求中度過，得到了什麼，連他們自己也不知道！看見大家無語，孝敬用手習慣性的摸摸自己的前額接著說：「在許多人眼裡，司空見慣的日常生活充滿了簡單、反覆、平淡而缺少魅力，也就談不上有什麼意義，然而美國現代學者羅伯特．福爾姆卻並不這麼認為。恰恰相反，他一生所努力的，就是希望人們領悟日常生活的詩意，並從日常生活中活出意義來。為此他諄諄告誡人們，生活中的智慧不一定要到最高學府去學，其實在幼稚園裡就可以學得到。他所著的《我們得回到幼稚園》一書，更是因為傳達了這樣的鮮明理念而受到美國讀者的廣泛好評，成為美國暢銷書排行榜上蟬聯時間最長的書籍之一。

因為『這是一本從瑣碎的生活、平凡的小事中，發掘和闡述生活意義與人生智慧的書』。書中作者所關注的日常生活，幾乎是我們正在經歷著的當下；而書中作者所關注的平凡事物，幾乎是我們為其煩惱也為我們所漠視的事物。讓人震撼的是，無論是普通人的生活狀態還是細微的日常事例，經過作者的闡述、描寫與感慨之後，從『核心』顯現出的『真實』與『本質』，依次點燃我們顧盼已久的一盞盞生活之燈。『其實我真正需要知道的，是如何按照我在幼稚園裡所學到的那樣去生活、去為人處世、去做一個正直誠實的人。』顯然，羅伯特．福爾姆所說的『我們得回到幼稚園』，意義在於透過退回到『原點』，而讓自己有機會從頭學起，從而具備為人應有的誠實與善良，具有與人和睦相處和團結互助的能力與信念。與一般意義上的哲學家所不同的，羅伯特．福爾姆不是為佈道而佈道，也不是為先知而先知，他是用自己的日常思索來證明人生的內涵，並提示人生的意義，教人如何生活、如何度過。羅伯特．福爾姆一生從事過多種職業，曾做過牧童、民歌手、公司推銷員、職業藝術家、教區牧師、酒吧侍者、美術教師等等，這為更好地體驗生活和思索生活的價值提供了不同的視野。他一生所努力做的是不斷以文字的形式記錄自己對日常生活的所思、所想。用他的話說，就是『我一直都在努力，絞盡腦汁用我自己的筆寫一些受人歡迎、妙趣橫生的東西』。親愛的同學們，我不是在此做推銷（哈哈，孝敬會意地笑一笑）。儘管他的許多智慧理念沒有一語道破，但就是這種呼之欲出的分寸感，使得他的隨筆有了更多的活力與魅力。

生活真的是一本平淡而有內蘊的書，它需要的是寧靜、淡漠和超脫，親愛的同學們，只要我們稍微的改變一下，生活中我們會得到更多，美麗的笑容也會充滿整個生活……」

第七節　生活永遠是一杯清水

安哲是大學時的哲學愛好者，現在在某著名大學講授他鍾愛的哲學課程，在學校頗有名氣，時常戲稱自己是幸福的追隨者。安哲大學時候沈默寡言，但是枯燥的哲學課堂上，他卻是最活躍的。現在安哲開始說話了：「孝敬的話讓我思索很多，學會生活、品味幸福，首先要學會如何看待痛苦，大多數人眼中平淡的生活被說成無聊，更不用說所謂的挫折。我認為如果你不以『苦』為樂，生活便真的成為痛苦和折磨。

在任何不幸與煩惱中，最好的安慰，莫過於想及他人的境遇更不如自己。這種安慰的方式，人人都能做到，但對整個人類來說，則意味著這是一個多麼可悲的命運啊！我們就好比是田野上的羊，嬉戲在屠夫們的監視之下，這群羊，將或先或後，依次被其宰殺。因此在美好的日子裡，我們都意識不到隱而未發的惡運，如疾病、貧窮、殘廢、昏聵等等，正早已等待在其後了。

時間逼迫得我們喘不過氣來，又常在後頭鞭策著我們，宛如一個監工。只有當我們陷入煩惱的痛苦之中，才會駐足不前。

然而不幸的命運，亦有其作用！若去掉空氣的壓力，那麼我們的驅殼將會因此而破裂。同樣，去掉生活中的困難以及逆境，凡是人們的各種作為皆會取得成就，這時，他們就會變得驕傲，不可一世乃至暴露其愚蠢，甚至演變為瘋狂。由此說來，相當的憂患、痛苦、煩惱，對於任何人，在任何時候，都是必要的。船若不載重以鎮平衡，則會顛簸不定，且將不能直線前進。

確實，工作、煩惱構成了眾多人的畢生經歷，凡人皆同，這是一個必然的事實。假如讓欲望旋即得到滿足，人將何以打發其一生呢？他們生於世又能有何作為呢？倘若這個世界成為繁華安逸的天國、乳蜜甘芳的樂土、窈窕淑女悉配賢才、人人無怨無仇，那麼人們必定會無聊至極，煩悶而死，再不，就會有戰鬥、屠殺、謀害等等隨之而來。如此一來，人類所遭受的苦難，較之現在所受天災的苦難會更加深重。

年輕時，當我們遐想未來生活的時候，我們就好像是坐在戲院裡的兒童，與高采烈，熱切盼望著銀幕的開啟。對即將出現的究竟是什麼不知所以，這實在是一件大快人心之事。

分別了半個世紀的少年故友，在耄耋之年相逢，彼此相視瞬間，憶及兒時的生活盡現眼前，像就是在晨光照耀之中，一切都呈現出玫瑰色。

有人在有生之年，歷經了二代、三代，甚至更多，那麼這個人就好像是一個生在市肆中，觀看術士們設攤者。看到這些術士們依次表演，一而再，再而三。這種表演本來只可觀賞一回，當別無新意，且不足以眩人心目時，便毫無意義了。

當人的命運不足使人嫉妒時，那命運之足為人所痛哭的就不計其數了。生活是一個苦工，人人都必須做。盡職的人就是所謂行善事，亦即他已經能夠完成自己的工作。

我必須提醒我思念已久的同學們，一切幸福的境界、一切滿足的情感，就其性質而言，均屬消極，換句話說，也就是脫離了痛苦而成的，痛苦則是人生的積極元素。因此，對於任何人而言，任何幸福的生活都不應該以快樂多少來衡量，而應以脫離苦惱的限度——亦即脫離積極惡事的限度來衡量。

動物之避免死亡，是出於本能，其實牠並不知道死為何物，也就不像人那樣，天性上常以死為念，並把這種想像總放在眼前。然而其實，人能得盡其天年的還屬鳳毛麟角，這主要是在於他們的生活不合乎自然、勞累過度、嗜欲，逐步使人種日形退化，造成人生常不能達到目的地就面對了死亡。

與人相比較，動物唯以生存為滿足；植物則更甚，全然不知生活之甘苦。與我們相比，在這一點上，動物顯示出了真正的智慧，即所謂的『對於現在所享受的恬靜快樂』。這種現時所賦予的恬靜心境，常使我們人感到羞愧，因為我們的思想及憂慮，常常攪擾著我們，使得我們不得安寧，且還不知足，不知所以。動物所有的快樂，並非是其所預期的，所以不會遭折損。因此，牠們對當前實際的快樂，圓滿無虧，完整無損。又同樣，動物對惡事的迫害，亦僅僅知道其真實固有的壓力而來。至於人，則以其將至而畏懼，並往往成為其十倍難忍受的重負。

正因為動物有這樣的特性，將其自身完全置於現時之中，受苦的可能性，較人的為輕。正像孝敬、大山談的那樣，我們的童年是快樂的，單向的人生之路上，肩上的行囊一路越來越重，幾乎把我們大多數人壓垮，甚至不能再繼續下面的路。我們肩上背包裡的戰利品與日俱增，為什麼幸福感卻日趨減少甚至尋它不著。童年因簡單而快樂，正像我們大家現在常談的所謂『超脫』。THE SIMPLE IS BEST，但願親愛的同學們，以後的人生之路從平淡中享受真實，簡單中獲得充實，坦然中尋求內涵。請記住，我親愛的同學們，生活永遠是一杯清水……」

大廳裡，安哲的一席話過後，大家都好像還在沉思中，亦或都在拿自己的生活對照反省，也許都在琢磨著如何改變、調整自己的生活，他們也許缺少的是渴望的幸福和夢寐的快樂，繁忙瑣碎的工作已讓他們失去很多，這種失衡必須打破，並儘快找到新的平衡！童兒走上講臺，似乎沒有人注意到。

「二十年的短暫相聚，在這美麗的仲夏夜，很美好，很令人回味，但是，我不得不提醒大家，我們的時間不多了，當然指的是今晚。我想做簡單的總結以結束我們此次的聚會。生命在前行，思維在繼續，生活還依舊，我們會繼續用自己的人生對下個問題做出回答——為什麼我們不幸福？怎樣才能獲得幸福？我們為什麼複雜了？我們需要什麼？什麼是我們最需要的？是薪水、高級轎車……還是那份生活的真諦、那份執著？」一場精彩的同學聚會就這樣結束了，留給我們思考的卻很多……

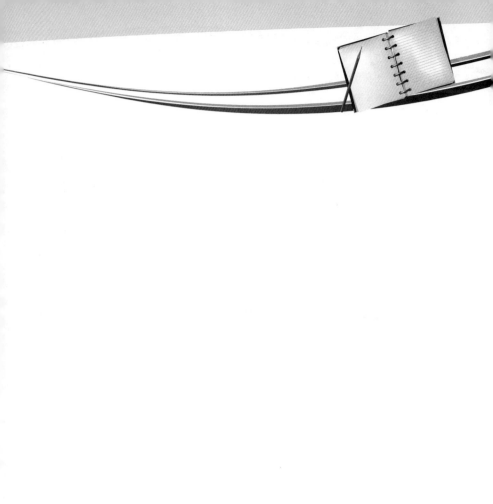

第二篇　久違的幸福，你需要它

什麼是幸福？你為什麼不幸福？
你為什麼不能坦然的微笑面對工作？
什麼才是好的生活？
你的人生行囊中為什麼會裝進如此多沒有用的東西，
將你壓得喘不過氣來？
你擁有了自己想要的一切，為什麼你還不開心？
當你一個人安靜下來，真正面對自己內心世界的時候，
你會突然發現，雖然已經擁有了所要的一切，
諸如金錢，很多時候你還是覺得不開心，
感覺夢想的自我和真實的自我背道而馳。
在內心深處，你會隱隱約約感覺到，
你現在擁有的很多東西都不是你想要的，
而在追求這些東西的過程當中，
你漸漸失去了那些真正對自己重要的東西，
其中有你兒時最珍視的夢想、家庭的親情，
人生的單純離你越來越遙遠……

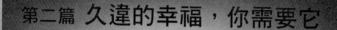

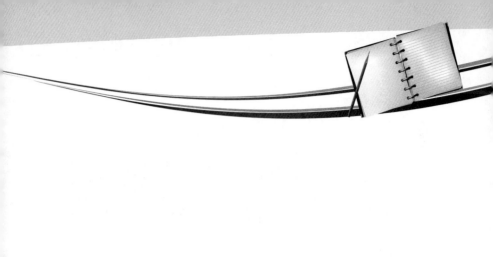

第一章 你為什麼不幸福？

幸福由心感受，擁有健康的心境才有幸福可言。心情不好，即使貴為皇帝，擁有天下的權力、地位和財富，依然活得痛苦不堪。

人為什麼拋棄諸多兒時的夢想而走上了自己始料未及的道路，這是進步還是倒退？是自己所願還是被迫？帶來的是歡樂還是憂愁？我們如何正確認識這一變化？如何調整這些偏差？如何在調整的過程中獲得幸福，覺得充實快樂？

第一節　發掘你人生的終極目標

一個人的終極目標是不可能憑空設定的，它是源於我們的價值觀或者人生的終極取向。

現在讓我們假設你正前往殯儀館參加一位摯友的葬禮。抵達之後，居然發現親朋好友齊集一堂，卻是為了向你告別。這也許是許多年以後的事情，但是姑且假定這時親朋摯友們即將上臺追述你的生平。

請你認真想一想，你希望聽見什麼樣的評語？你這一生有何成就、貢獻或者值得懷念的東西嗎？你是個稱職的家人或親友嗎？失去了你，對於關心你的人會有什麼樣的影響？記下你此時的感受！透過這個實驗，你可以清楚發掘內心深處那根深蒂固的價值觀，進而明瞭你人生的終極目標。

是需要思考的時候了，你還來得及！人生旅途，岔路口很多很多，一不小心就會走錯了方向，顯然你很辛苦，結果卻是偏離你的人生目標和追求越來越遠。

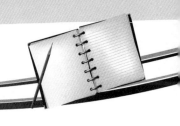

許多人整天拼命的埋頭苦幹，卻不知道自己到底在做什麼？為何而做？到頭來竟然發現追求成功的階梯搭錯了方向，可是很多人早已到暮年，為時已晚！我親愛的讀者，你很幸運，你還不晚，美好的生活隨時會回到你的身邊，只要你願意追趕！我親愛的讀者，你要清醒的追問自己，你所追求的目標，是你的真正選擇嗎？如果不是，那又是誰交付給你的？如果是的話，那麼請認真思考：為什麼要追求這些呢？它與自己人生的終極目標一致嗎？

你應該注意到，在身邊有這樣一群人，他們獲得成功以後，反而感到無可救藥的空虛；得到名利之後，卻發現自己犧牲了很多很多更可貴的東西。上至達官顯貴、富豪巨賈，下至升斗小民、凡夫俗子，無人不在追求更多的財富或更高的地位和榮耀，可是名利卻往往蒙蔽良知，成功每每令人付出了昂貴的代價。因此，你務必發掘並掌握真正重要的目標，然後再勇往直前，這樣才能使你的生命充滿幸福的意義。

你必須對以下問題做出思考和回答：什麼是幸福？你為什麼不幸福？你為什麼不能坦然的微笑面對工作？什麼才是好的生活？你的人生行囊中為什麼會裝進

如此多且沒有用的東西幾乎將你壓得喘不過氣來？好吧！親愛的讀者，讓我們一起開始思考……

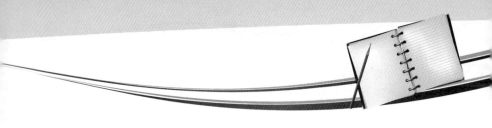

第二節 什麼是幸福，它在哪裡？

一位企業家在跟朋友閒聊的過程中，談到了西藏之行給自己帶來的震撼：藏民臉上那份純真是現代都市社會裡的人很少有的。孩子臉上的笑容是最純真的，孩子的幸福也是最真誠的，為什麼當我們擁有了一份穩定的工作，有了車子、房子之後，我們會突然對自己所擁有的一切感到麻木。

人類生存的目的就是為了得到幸福，可是高度物質文明發達的今天，許多人在充分享受物質生活的同時，卻依然活得不幸福。造成生命痛苦的原因是什麼？這是大家非常關心的話題。假如我們就這個問題詢問不同的人，答案往往因人而異：有人因身體病弱，長年纏綿病榻而痛苦；有人因衣食無著，終日操勞不休而痛苦；有人因為年齡漸長，依舊孑然一身而痛苦；有人因感情受挫，無法排遣孤獨而痛苦；有人因為希望當官，但是升職無望而痛苦；有人因為生意清淡，不能賺錢發財而痛苦……這是為什麼呢？因為大家不知幸福為何物，不瞭解建立幸

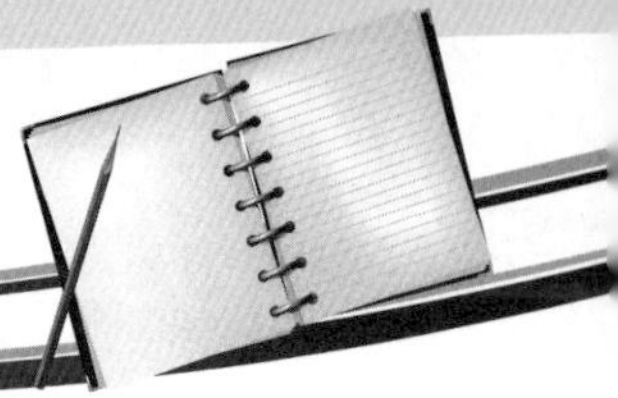

福人生的原理；因為人們所作所為常常與幸福人生背道而馳，工作向左而生活在右！所以儘管人們拼命追求幸福，但總是得不到人生的幸福。我親愛的讀者，首先你必須清楚地瞭解幸福是什麼？

一、所謂的幸福

美國著名影星英格麗．葆曼說，「幸福是健康加健忘」；而美國自然作家約翰．鮑洛斯卻相信「幸福的秘密存在於你手頭的事情」；美國NBC電視臺第一主持人休．唐斯的幸福觀則是「一個幸福的人不是一個有著幸福條件的人，而是一個以積極的態度爭取幸福的人」；但是對於美國著名哲學家、文學家愛默生而言，「充實每一刻」就是幸福。

人類追求幸福，首先要知道何謂幸福。所謂幸福究竟是一種客觀實體？還是一種主觀的感覺？幸福是物質的？還是精神的？不瞭解幸福的實質，卻努力去追求幸福，豈非太盲目了？ 相信你也找不到它，試問你能找到「根本不知為何物」的東西嗎？答案是肯定的——你一定找不到。好吧！首先讓我們對「幸福」

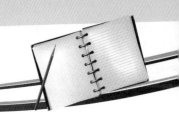

給予必要的界定。

1. 幸福不是一個固定的實體

通常人們以財富、地位、美滿的婚姻、長壽、健康、美貌、事業成功、吃得好、穿得好、住得好等為幸福人生的實質，以為得到其中任何一項，便得到了人生的幸福。這種看法是錯誤的，因為幸福並不是某種固定的實體。假如是的話，幸福應該比較容易得到；人類一旦得到某種「幸福實體」（如財富、地位等），就意味著得到幸福了，然而事實不然。相反的例證在現實生活中屢見不鮮，有財富、地位的人很多，他們未必過得幸福。由此可見，幸福並非某種客觀的固定實體。

無時無刻不在痛苦中掙扎，就是因為人們的幸福觀是錯誤的。幸福不是實體物，它既看不見又摸不著，需要的是用心體會、細心品味，它不是轎車、洋房，卻又無時不滲透在我們生活的點點滴滴，像同學會中的孝敬，他理解了生活，適應了生活，深悟了生活的真諦，更懂於捨棄，他是幸福、坦然的，他能夠擁有別人所沒有的，甚至包括別人也擁有的，生活給他的其實不比別人多。淡泊明志，寧靜致遠，這會為你的生活帶來很多很多……

2. 幸福是相對的

一般人總是執著於擁有某種條件為幸福，其實世間的幸福是相對的：

(1) **人的願望不同，對幸福的要求往往也因人而異**。人們或以有錢為幸福、或以有地位為幸福、或以長壽為幸福、或以健康為幸福、或以成家為幸福、或以獨身為幸福、或以居住在繁華鬧市為幸福、或以居住在清靜鄉村為幸福……因為觀念不同，對幸福的境界、要求也不一樣。接受你自己，包括你所擁有的和即將擁有的。

(2) **幸福從比較中產生**。自己和自己比，現在處境不好，回憶過去的美好生活，會有幸福感；現在處境好，回想過去的痛苦遭遇，就會覺得現在很幸福。幸福也會從和他人的比較中產生，比如想想自己舒適的生活條件，再看看他人的貧窮，就會感到滿足，覺得自己活得很幸福。

(3) **幸福的感受，如人飲水冷暖自知**。又如鞋穿在腳上，舒服與不舒服，只有自己知道。我思故我在，你覺得自己幸福，你就是幸福的。

3. 幸福由眾多的幸福因素構成

當我們偏愛某種東西（財富、地位等），以為得到這些東西就是得到幸福。其實，財富、地位等任何一種實體，本身都不是幸福的實質，只是引發人生幸福的某一種因素。幸福人生由眾多的因素構成，中國古代有五福之說，即「長壽、富貴、康寧、好德、善終」，對於幸福人生而言，這些因素都是不可缺少的。當你為高薪的工作而整天忙忙碌碌無所適從時，不妨暫時停下來，或減慢一下你的腳步，聽聽自己的腳步聲和心跳，多關愛一下你的家人，給你的鄰居、朋友多一些微笑，你會發現心情豁然開朗了許多。生活是一個由諸多因素構成的整體，正像幸福有眾多構成因素，忙碌的你需要找到生活的平衡點，不可偏廢。記住，生活中的你不要一葉障目不見泰山，你是幸福的，你才能更加勝任工作、勝任生活！

美國總統羅斯福在戰爭的艱苦年代裡，比我們大多數平凡的人更忙、更累，但他卻是個善於「偷懶」的人，每天強迫自己挪出一個小時來進行他的集郵愛好，藉以擺脫周圍的一切。已故的吉尼太太曾說，總統那時經常去她管理的那棟房子，把自己關在裡面，擺弄各色郵票。總統來的時候臉色陰沈、心情憂鬱、疲憊不堪，但是等他走出房間時，精神矍鑠，似乎整個世界都變得明亮了。可以說，總統並不僅是在享受自己的愛好，他在享受生活、品味生活，他不光有工作，更有幸福。

我親愛的讀者，請記住幸福是多因素的構成體，你一定要適度的從工作中解脫，平衡生活中的眾多因素，這會讓你感覺到快樂，更加幸福過生活！

4. 幸福是物質與精神的統一

幸福是物質的，抑或精神的？有人以為物質條件優越就能活得幸福，這是把幸福看成物質；有人以為只要精神愉快就會幸福，這是把幸福看成精神性的。其實，幸福是物質與精神的統一。

(1) 凡人心隨境轉，舒適的環境是產生幸福的基礎，如事業的成功、家庭的和諧等，這說明幸福需要物質的基礎。

(2) 幸福由心感受，只有健康的心境才有幸福可言。心情不好，即使貴為皇帝，擁有天下的權力、地位和財富，依然活得痛苦不堪。

為了生活我們都需要去尋找乳酪，我們不僅是為乳酪而生活，更想在生活中找到快樂。乳酪和快樂一個都不能少，它們的統一才是完整的生活。

二、正確看待生活中的風風雨雨

每個人的一生都是由順境和逆境組成。通常人們以健康為幸運，疾病為不幸；成功為幸運，失敗為不幸；富有為幸運，貧窮為不幸……生活在順境中的人，大家都覺得他很幸運、很幸福；相反的，有些人時運不佳，遇到逆境，人們就認為那是不幸、是痛苦。然而人生總是存在順境和逆境，有順境必然有逆境，這是普遍的現象，我們應該正確的認識它、對待它……

1. 平等而客觀的看待幸福與不幸

我們應該正視順境與逆境的客觀存在。就如白天和黑夜、春夏秋冬的自然規律一樣。在順境、逆境面前，不應該產生愛憎之心。

2. 痛苦使快樂更快樂，不幸使幸運變得幸福

世間的痛苦與快樂是相互依賴的，誰也離不開誰。有些人只要快樂，不要痛苦；只要順境，不要逆境。可是沒有痛苦就沒有快樂；沒有經歷逆境，就無法體會到順境的可貴，就像長期處於順境的人，很難產生幸福感。因此，痛苦使快樂更快樂，不幸使幸運變得幸福。就如疾病使健康變得快樂，貧窮使富有變得幸福。

3. 幸運與不幸不是絕對，它們會相互轉換

(1) 幸運會轉為不幸，比如手握大權是幸運的，但以權謀私，做出違法亂紀的行為，卻造成不幸的結局；有父母溺愛的子女是幸運的，但在父母溺愛中成長的小孩，步入社會難以獨立卻是不幸的；生在富有之家是幸運的，但許多紈綺子弟不知珍惜財富，吃喝嫖賭，養成惡習卻是不幸的。

不幸會轉為幸運，如逆境使人奮發向上，將來對社會能大有作為。順境使人陶醉，忘乎所以；逆境使人清醒，能引人反思自身，使人們對人生有更深度的認識。「因禍得福」、「塞翁失馬」，都說明了幸運與不幸會相互轉換。

4. 不幸中的幸福，幸福中的不幸

人因為偏愛於某一點，才覺得自己幸或不幸。喜歡當官的人，一旦獲得官位，就會覺得幸運；假如沒有機會當官，那就是不幸了。希望成家的人，遇到合適的對象，覺得幸運；找不到理想的對象，就覺得不幸。其實——

(1) 幸運中包含著不幸。比如財富多，擔心黑社會綁架；社會地位高，行動不自由；事業做得大，空閒時間就沒有了。

(2) 不幸中包含著幸運。比如沒有地位、名譽，就不會被地位、名譽所累；沒有事業，就不會被事業所累。世界是一個非此即彼的系統，一個因素否定了你，代表著另一個因素在肯定你。

三、你為什麼不幸福

我們正處於大轉型期，一切都在變，在物質生活日益豐富的今天，人們感覺到好像失去了更多，幸福感的匱乏首當其衝，為什麼？

現代人拋棄了信仰，又沒有建立起新的人生哲學，生命失去了方向，也就失去了駕馭快樂的方法，導致很多人在幸福中選擇了不快樂。

我們每個人的快樂、煩惱和痛苦都不是因為事情的本身，而是我們看問題的觀念和態度。就像彌爾頓說的：「意識本身可以把地獄造就成天堂，也能把天堂折騰成地獄。」佛法也有同樣的觀點：「應觀法界性，一切唯心造。」也就是說，一切煩惱，皆由心生；一切痛苦，皆由心受；一切善惡業緣，皆由心起。

天堂與地獄，就在我們自己心中，就看我們自己如何選擇。

其次，許多西方先進國家認為家庭（包括同居的）是快樂的最大泉源。而我們常常以事業取代了家庭，推崇的是「修身，齊家」來實現「治國，平天下」目標，掐斷了快樂的最大來源。

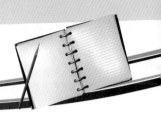

美國夫妻間互稱「蜜糖」（honey，還有出類拔萃、討人喜歡的意思），把家庭的其他成員看成是自己甜蜜的來源。而我們夫妻之間直呼其名，或者「老公」、「老婆」，如果叫一聲「親愛的」（darling），大家都會覺得肉麻。老外還擅長製造氣氛，把我們認為該存在銀行的錢拿來給對方買花以及各種我們認為很不實用的東西，他們還會透支點錢開家庭燭光舞會等，怎麼快樂怎麼行。

許多華人把婚戀看作是一個責任。到了一定年齡，沒有男、女朋友或者沒結婚，上對不起父母、國家，下對不起朋友、同事。不結婚就是「有問題」，周圍人的眼光逼得你不得不自卑，哪來的快樂？結婚，也很少有快樂。很多人把家庭變成了男女一較高下的戰場。為了錢、為了孩子的教育、為了一點點雞毛蒜皮的事吵得不可開交。許多男人抱怨說，如今的女人真是越來越厲害、越來越兇悍了。婦女的地位已經「高」到男人高攀不上的地步。不僅是「單身貴族」，就連已經結了婚的女子，丈夫若是沒本事掙得高薪回家，太太一定是整日繃著臉，處處看不順眼，不是逼著老公弄錢，就是找碴生事以離婚相挾。再比比那些有汽車、有別墅的董事長、總經理的，自家男人活像一個「窩囊廢」了。

男人們因此也就只有自慚形穢！你想，這樣的家庭還有什麼快樂可言。這些難免會給我們的生活帶來陰影，本來晴朗的天空整天陰雲滿佈！

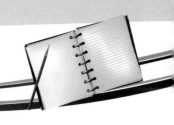

美國政府和家庭教育孩子的目的是讓孩子快樂，成為未來合格的公民。我們望子成龍的教育觀念，不僅使孩子失去童年，而且長大了十個有九個不快樂。

誰能說當今的孩子們不享受？他們可以吃到任何想吃的東西，不僅穿得暖和，而且花樣百出，每一個孩子都享受著六個長輩甚至更多人的溺愛；每逢假日，他們搭乘火車甚至飛機到處旅遊，每到節日，他們收到大大小小的紅包和禮物……然而面對這一切，孩子們卻異口同聲地說：「真沒意思！」這是望子成龍之不幸，是畸形競爭帶來的惡果。從幼稚園就開始培養當官意識，做人上人的目標。老師與老師在競爭業績；學校與學校在競爭升學率；學生與學生在競爭今後的社會位置。很多上小學的孩子每天睡眠時間都不足七小時，在這樣的壓力下，他們能快樂嗎？中國人到了國外仍然改變不了要孩子「出人頭地」的觀念。孩子學了英文學中文，琴棋書畫要樣樣通，不給孩子平等和選擇的權利。可以肯定，要是比爾．蓋茲生在我們的家庭，父母為了他「未來的幸福」，打死他們也不會讓孩子從哈佛休學的。這樣，孩子和父母都不開心就在所難免了。

不幸的是，這種不快樂會延續到整個人生。一般來說，小時候越努力的孩子，長大了對自己的期望值就越高。然而社會給每個人的機會並不和他的學識成正比。我們常常觀察到，對自己的期望值越高的人往往越容易產生挫折感。前幾年，美國發生物理學博士盧剛槍殺同窗和教授而後吞槍自盡的事件，就是一個典型的例子。正所謂少小越努力，老大越傷悲。

現代人生哲學認為，人如萬物，真正的人生是有春、夏、秋、冬四季的自發性階段、自覺性階段、自然性階段。現實中，我們用自己和他人的身體這個「西瓜」去換取名、利之類的「芝麻」，使得享有四季的人微乎其微。這樣的人生能快樂嗎？

歐美人的財富是快樂的資本，我們的財富成了快樂的累贅。當錢成為富人的一種負擔或者忌諱時，愉快就會灰飛煙滅。

歐美人不太喜歡把錢和時間用在大吃大喝上，而是用在旅遊和健身上；他們還熱衷於各種社會捐獻，並在人們的尊敬、感激和讚美中獲得快樂。我們卻是在追求財富時失去了健康。

西方人生活、工作的目的就是追求快樂，按照他們的說法，「要是你不快樂，你為什麼要去做它呢？」而我們做事的主要目的就是為了名和利，但名利與快樂常常是不一致的。

歐美人只要自己開心，不太在乎別人的想法，常常看到一些老人像小孩一樣在街上溜冰或坐在馬路邊玩遊戲。我們愛好面子、形象，如給主管留下好的印象、要在群眾中樹立形象等，放棄了真正的自己。還有，我們要從別人眼裡看自己是否快樂。一個華人在紐約旅遊時，問一個來自北京的司機：「在這裡過得還開心吧？」「不開心！」他說，「要是在北京，我開著這樣的車，到我家門口，一按喇叭，大家探出頭羨慕地看著，嘿！那才開心呢！」

美國人很自信，他們總覺得自己的選擇是最好的，不為將來會不會失業之類的事操心，更不會管孩子能不能上哈佛的事。他們覺得孩子喜歡念書，想要去哈佛，他就去，不喜歡就做點別的喜歡的事。就是去了哈佛，也不是個了不起的事。即便得諾貝爾獎，也不會到處炫耀，何況也沒有炫耀的市場，因為大家不買帳。中國人不然，考取哈佛，就要出書，國內外中文網站都登出來了。追根究底，還是中國人自卑心理作祟。如果一個人被恐懼的心理主導，老是羨慕別人，沒有自信，不敢追求快樂，他們肯定不會快樂。

其實，人本是人，不必刻意去做人；世本是世，無須精心去處世，自然的才是快樂的。

四、建立幸福人生的方法

人們在物質文明的驅使下，盲目地追求幸福，結果不但得不到幸福，反而引來無盡的痛苦。要想得到幸福，就得有合理的方法。

1. 消除不幸福的因素

你為什麼不幸福？心理學家對「主觀幸福」的研究提出了新發現：幸福不分性別，幸福不依賴年齡，財富不能創造幸福。按照美國心理學家哈利．克塞克的說法，幸福意味著生活在一種「沉醉」的狀態中，他提出感受幸福的九個步驟：

(1) **換一種心情看生活**。把孩子的微笑當成珠寶，在幫助朋友中得到滿足感，與好書裡的人物共歡樂。

(2) **控制你的時間**。幸福的人確定大的目標，然後落實在每天的行動中。一天寫三百頁書是件很難的事，然而每天寫兩頁則非常容易辦到。這樣堅持一百五十天，你就可以完成一本書，這個原則可應用於任何工作。

(3) **要積累**。消極的情緒使人沮喪，而積極的情緒催人奮進。幸福的人做的每一件事都是努力消除負面情緒的過程。

(4) **厚待身邊的人**。要學會友好對待親近的朋友、配偶。你能夠一口氣數出五個親密朋友嗎？

(5) **面帶幸福感**。實踐顯示真正面帶幸福感的人，他們更感到幸福，經常歡笑更能在大腦中引起幸福的感覺。

(6) **不要無所事事**。不要把自己困在電視機前，要沉浸於能用你的技能做的事情當中。

(7) **多參加戶外活動是對付壓力和焦慮的良藥**。一項對感到壓力的大學生做的調查顯示，經常在戶外活動的學生情況要明顯好於不運動者。

(8) **好好休息**。幸福的人精力充沛，但他們仍保留一定的時間睡眠和享受孤獨。

(9) **有信仰的人更幸福**。有無信仰與幸福感的研究顯示，有信仰的人比沒有信仰的人更有幸福感。

2. 學會經營你的生活

幸福快樂是可以經營的，只要你遵循九大法則。

(1) **接受自己的相貌**。不要動輒與那些俊男美女比相貌，因為那樣只會讓自己情緒低落。聰明的人應懂得欣賞自己，接受自己的容貌。

(2) **調整目標、控制欲望**。專家發現，腳踏實地、實事求是的人往往比那些好高騖遠的人快樂得多。因此，要想生活快樂，就要學會根據自己的實際情況來調整奮鬥目標，適時壓制心裡的欲望。

(3) **金錢買不來快樂**。雖然財富可以帶給人幸福感，但並不代表財富越多人越快樂。研究顯示，一旦人的基本生存需要得到滿足後，每一元財富的增加對快樂本身都不再具有任何特別意義。

(4) **不要為自己的平庸煩惱**。經驗顯示，智慧與快樂並無關連，反倒是「聰明反被聰明誤」、「傻人有傻福」的例子俯拾皆是。

(5) **快樂可以遺傳**。科學家證實，人的幸福和快樂感與其自身個性有著緊密關連，而個性絕大部分是由遺傳所決定的。

(6) **選擇婚姻**。心理學家研究發現，那些生活幸福快樂的人往往都選擇了婚姻，並且忠於自己的婚姻。

(7) **信仰使人充實**。有信仰的人比沒有信仰的人容易快樂，因為他們更容易找到人生的意義和目標，尤其當人們在面對困難與壓力時，信仰可以讓人很快找到平衡點，積極應對各種不利情況。

(8) **助人為樂，無私奉獻**。「助人為快樂之本」，研究證明，那些願意做出無私奉獻的人更容易得到快樂——透過奉獻，你獲得的可能會比付出的多，其中包括快樂。

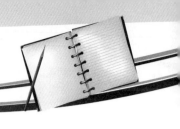

(9) **平和地迎接衰老**。老自有老的魅力，快樂法則的最後一條，就是要學會心態平和地享受衰老的過程。

3. 知足讓你常樂

幸福是一種感覺，一個人只有當自己覺得幸福，那才是幸福的；相反的，他自己不覺得幸福，你能說他幸福嗎？獲得幸福感，知足是一種最廉價的方式。

一個貪得無厭的人，即使擁有再多的財富、再高的地位，總是不滿足，感到不幸福；而知足者，卻能在極為簡單的物質條件中，得到滿足和快樂。不要過分的苛求自己，你就是你，接受它吧！你就是你，不可能成為別人，當然別人也不會成為你。知足的生活態度會使你恬靜而坦然！

第三節　重新找到你的笑容

從什麼時候開始，人們給自己的臉戴上各種面具，人與人之間的關係不知道從什麼時候開始變得不再那麼真誠？為了應付各種關係、為了去「辦成一件事」，許多人曾經違心地向別人堆出一張笑臉，時間久了，這些人的笑臉開始變得僵硬，直到最後，他們發現自己再也無法找到從前臉上所洋溢的真誠笑容。

沒有了笑容，生活會變得枯燥，用微笑面對世人，迎接生活，你一定是最好的！

一、用愛去生活，獲得大於付出

用愛去生活使你快樂，有了真正的快樂，你才會有甜蜜的笑容。談到這裡，我不得不提到一本書，相信它能給你很多啟發，這本書就是《世界上最偉大的推銷員》，其中的一篇你必須牢記並運用於生活中。現在我把它全文摘錄，以供讀者閱讀。你不妨認真看看該著作，生活中需要笑容，但是，充滿「愛」的笑容才是真切的，它是你制勝的法寶、幸福的源泉。這篇文章的題目是〈我要用全身心的愛來迎接今天〉，它是這樣說的：

我要用全身心的愛來迎接今天。

因為，這是一切成功的最大秘密。強力能夠劈開一塊盾牌，甚至毀滅生命，但是只有愛才具有無與倫比的力量，使人們敞開心扉。在掌握了愛的藝術之前，我只算商場上的無名小卒。我要讓愛成為我最大的武器，沒有人能抵擋它的威力。

我的理論，他們也許反對；我的言談，他們也許懷疑；我的穿著，他們也許不贊同；我的長相，他們也許不喜歡；甚至我廉價出售的商品都可能使他們半信半疑，然而我的愛心一定能溫暖他們，就像太陽的光芒能溶化冰冷的凍土。

我要用全身心的愛來迎接今天。

我該怎樣做呢？從今以後，我對一切都要滿懷愛心，這樣才能獲得新生。我愛太陽，它溫暖我的身體；我愛雨水，它洗淨我的靈魂；我愛光明，它為我指引道路；我也愛黑夜，它讓我看到星辰。我迎接快樂，它使我心胸開闊；我忍受悲傷，它昇華我的靈魂；我接受報酬，因為我為此付出汗水；我不怕困難，因為它們給我挑戰。

我要用全身心的愛來迎接今天。

我該怎樣說呢？我讚美敵人，敵人於是成為朋友；我鼓勵朋友，朋友於是成為手足。我要常想理由讚美別人，絕不搬弄是非、道人長短。想要批評人時，咬住舌頭，想要讚美人時，高聲表達。

飛鳥、清風、海浪，自然界的萬物不都在用美妙動聽的歌聲讚美造物主嗎？我也要用同樣的歌聲讚美祂的兒女。從今以後，我要記住這個秘密。它將改變我的生活。

我要用全身心的愛來迎接今天。

我該怎樣行動呢？我要愛每個人的言談舉止，因為人人都有值得欽佩的性格，雖然有時不易察覺。我要用愛摧毀困住人們心靈的高牆，那充滿懷疑與仇恨的圍牆。我要鋪一座通向人們心靈的橋樑。

我愛雄心勃勃的人，他們給我靈感；我愛失敗的人，他們給我教訓；我愛王侯將相，因為他們也是凡人；我愛謙恭之人，因為他們非凡；我愛富人，因為他們孤獨；我愛窮人，因為窮人太多了；我愛少年，因為他們真誠；我愛長者，因為他們有智慧；我愛美麗的人，因為他們眼中流露著淒迷；我愛醜陋的人，因為他們有顆寧靜的心。

我要用全身心的愛來迎接今天。

我該怎樣回應他人的行為呢？用愛心。愛是我打開人們心扉的鑰匙，也是我抵擋仇恨之箭與憤怒之矛的盾牌。愛使挫折變得如春雨般溫和，它是我商場上的護身符：孤獨時，給我支持；絕望時，使我振作；狂喜時，讓我平靜。這種愛心會一天天加強，越發具有保護力，直到有一天，我可以自然地面對芸芸眾生，處之泰然。

我要用全身心的愛來迎接今天。

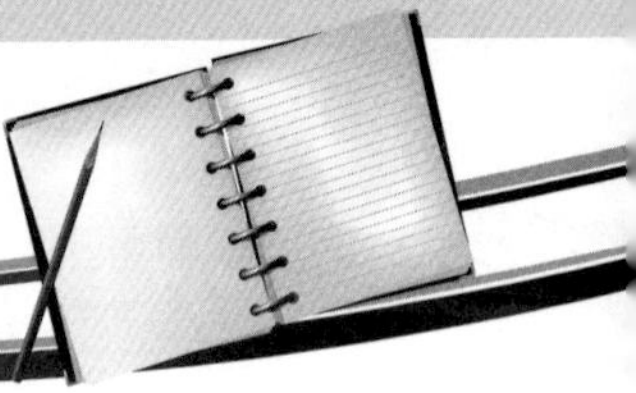

我該怎樣面對遇到的每一個人呢？只有一種辦法，我要在心裡默默地為他祝福。

這無言的愛會閃現在我的眼神裡，流露在我的眉宇間，讓我嘴角掛上微笑，在我的聲音裡響起共鳴。在這無聲的愛意裡，他的心扉向我敞開了。他不再拒絕我推銷的貨物。

我要用全身心的愛來迎接今天。

最主要的，我要愛自己。只有這樣，我才會認真檢查我的身體、思想、精神、頭腦、靈魂、心懷的一切東西。我絕不放縱肉體的需求，我要用清潔與節制來珍惜我的身體。我絕不讓頭腦受到邪惡與絕望的引誘，我要用智慧和知識使之昇華。

我絕不讓靈魂陷入自滿的狀態，我要用沉思和祈禱來滋潤它。我絕不讓心懷狹窄，我要與人分享，使它成長，溫暖整個世界。

我要用全身心的愛來迎接今天。

從今往後，我要愛所有的人。仇恨將從我的血管中流走。我沒有時間去恨，只有時間去愛。現在，我邁出成為一個優秀者的第一步。有了愛，我將成為偉大的推銷員，即使才疏學淺，也能以愛心獲得成功；相反，如果沒有愛，即使博學多識，也終將失敗。

我要用全身心的愛來迎接今天。

我親愛的讀者，這篇文章我能背誦全文，而且一字不漏。你要用心去體會，用你每天的時間、實踐去完成它的精神。相信這是信仰的力量。它會教你坦然樂觀的處理世事。不信?!從今天開始，你早中晚一個人默讀三遍，記住，要用心體會。

你會改變的，請相信我！

二、要用感恩而積極的心

心態消極的人常常抱怨：父母抱怨孩子不聽話，孩子抱怨父母不理解他；男朋友抱怨女朋友不夠溫柔，女朋友抱怨男朋友不夠體貼；主管埋怨下屬工作不努力，下屬則埋怨主管不夠寬容和理解，不能發揮自己的真正才能。可見他們都不具有一顆感恩的心，更不具備積極的心！

要知道人生的一切皆決定於你自己。你怎樣對待生活、怎樣面對世人，生活和世人就會怎樣對待你，如果你心存憂傷和不平，你就永遠看不到燦爛的陽光和美麗的星晨。對人生及大自然的一切美好，我們要心存感激。我親愛的讀者，感恩而積極的心態，會給你很多。

三、學會對待生活中的壓力

有壓力的人能露出真誠的笑容嗎？答案一定是否定的，僵硬的笑容比哭還難看。你若想重新找到笑容，必須學會正確對待生活的壓力。

生活原本的平衡要求你學會給自己減壓。現實生活中，你會常常感到自己的肉體、情緒以及心理處於一種不可名狀的緊張狀態。這就是壓力，你需要設法減輕它。

壓力是可以控制的，帶來壓力的事情本身並不是壓力本身，是我們的理解造成了我們的緊張，促成了我們的壓力。控制你的心理，否則不能控制你的壓力。比如說，在某些人眼裡，乘坐遊樂場的「雲霄飛車」令人恐懼害怕，而對於另一些人來說卻變成了非常刺激的遊戲！壓力是可以控制的，關鍵是獲得一種控制自己心理的能力，使你有力量去把握那來自生活和社會的種種刺激，有能力去接受那些你無法改變的事實！

修正你的負面思維，許多壓力是由於你的負向性思維引起的。所謂負面思維包括：不是全有就是全無、不是黑就是白的想法，沒有任何的中間灰色地帶，以偏概全，一件小事做錯，則認為全盤皆錯；把正向的事變質，明明是好的事情，卻被你否定；過早下定論，常常臆測別人的心理，把自己當成算命先生，預測將來不好的事情會發生；強調負面效應而忽視正面效應，常用放大鏡來渲染負面效應；情緒化使用「應該」或者「一定」的說法，給自己施加很多無形的壓力；常以不好的說法加在自己的身上；常有負疚之感，不相干的事情也認為自己有責任，以致於經常有自責的想法等等。諸如此類的負面思維很多，使你的生活和工作背負了原本不應該有的負荷，你想生活得灑脫、工作得快活，就必須學會革除

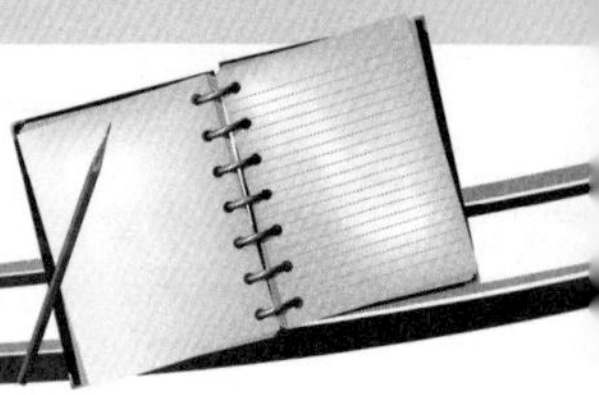

這諸多的負面思維。

對於壓力，生活和工作中的壓力，我親愛的讀者，不要看得太重，你本來沒有那麼大的壓力，壓力是來自你的內心而非外部。只要我們保持寬容的心境，「寬天下難容之事」、「不以物喜，不以己悲」，所謂的「壓力」將在你的面前變得不堪一擊，「壓力」也將不是什麼真正的壓力。

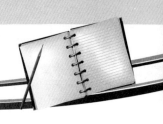

四、微笑將使你受益匪淺

我們按照一定的思維模式而行為，面帶微笑時，人們感覺開心一點；而當他們愁苦時，老天好像也一副愁容。所以，表現得幸福一點。以一種自我感覺良好，並樂觀、友善的狀態與人談話。時間久了，這些會變得自然。

當然，我們不可能一夜之間變得樂觀、自信，但是，與其心有餘而力不足地想像著告別所有的缺點及消極情感，倒不如一步一步地重建自己。與其坐等有那麼一天，我們樂於打那些銷售電話、面見客戶、寫些企劃案，不如什麼都不想，我們這就開始，我們「去做」——撥電話、開口說、拿起筆……請相信，過不了多久，消極的藉口減少了，因為我們用行動點燃了內心的火光。

希臘人說：「笑是神所授予之物。」笑是對付許多生活中麻煩事情行之有效的解藥。當我們面對微笑時，一切的自我憐憫和自責都將不復存在。

試著在你感傷、失敗的時候微笑。

一般而言你是做不到的！這是因為微笑和那些負面情緒難以並存。但是，請相信微笑會戰勝恐懼、趕走憂慮，也會擊垮你那不該的猶疑，使你建立真正的積極心態。

重新找到你的笑容吧！從現在開始……

第四節　什麼是好的生活？

到底怎樣的生活才是我們真正想要的？對於這個問題，大多數人都沒有答案，或者說他們根本找不到正確答案。

一、對於生活，你賦予它什麼，它就是什麼

1. 生活是一杯白開水，本來無色無味

不同的人可以品味出不同的味道，你給它什麼意義，它就會給你什麼樣的感覺和體會！還是讓我給你講個故事吧！有個母親叫他的兒子帶著空瓶和十盧比的錢到附近雜貨店買油。男孩打了瓶油，但在回家的途中跌倒，打翻了油瓶，有一半的油流掉了，只剩下半瓶油。發現少了半瓶油，他回家哭著告訴母親：「哦！我打翻了半瓶油，我打翻了半瓶油。」他非常不快樂。

母親又叫另一個兒子帶著另一個空瓶和十盧比的錢去買油，他也打了瓶油，

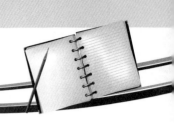

回家途中也跌倒了，油瓶也打翻了。這次也是流掉半瓶油。他撿起瓶子回家，高興地告訴母親：「妳看，我救了半瓶油！當油瓶掉了，油開始流出來，有可能全部流光，但是我救了半瓶油！」兩兄弟在同樣情況下回家，交給母親的，都是只剩半瓶油。一個為失去的半瓶油而哭泣，另一個為剩下的一半油而高興。同樣的境遇卻產生截然不同的心理感受。

其實我們所體驗的，不是單純的環境本身，而是我們賦予環境，也可以說是境遇的「意義」，正像上例中兩個孩子感受的並不是「買來的油剩半瓶」這一事實本身，而是他們對於這一事實所賦予的「意義」，我們所感受的任何事物都不是現實本身，而是經過我們大腦加工解釋了的東西。

我們想獲得生活的幸福，首先要學會賦予生活幸福的意義，生活就像一面鏡子，你對它露出微笑，它同樣會以微笑面對你。

上帝是很公平的，祂為你關上一扇門，總會為你打開一扇窗。關鍵是，從窗口飛入的鳥兒、飄進的清風能不能成為你快樂的理由？冬天來臨的時候，你會憂傷於看不到春天的花朵嗎？如果會，你將再次失去快樂、失去欣賞白雪飛舞的快樂。

2.人生是一張紙，你把它畫成什麼樣，它就會呈現什麼

一張白紙擺到你面前，你會說那只是一張白紙，最多不過五分錢。如果把這張白紙印成一百元的台幣呢？這張紙的價值立刻升值為一百元了，而且它不會因為你的折疊而改變它自身的價值。如果我們把一張Ａ４紙放在流行時尚雜誌變成廣告頁，你會發現，它也許價值二十萬元！這張紙因為功能的不同而改變了自身的價值。

簡單的紙是這個原理，而複雜的人也莫不如此。我們能辨別一張紙的價值，卻常常困惑於人世的種種境遇，而且越是現代人，就越有這種體會。平心而論，我們如果是一張紙，也會因為你付出不同的努力而演變成不同的價值，寫好、寫壞都是你自己努力的結果。但人們往往很在意別人對自己的評價，如果我們不能有主見地去看待，便很容易因為別人過度的褒貶而膨脹或壓抑自己。

我中學的時候，母親總要在夜晚到工廠加班，於是我自告奮勇幫媽媽去工作，每晚都要忙到深夜十二點，導致第二天上課時總是打磕睡。有一天，我在上課時睡覺被老師發現，被叫了起來：「你怎麼老是睡覺？你要是愛睡覺大可不必來學校打發時間，在家裡睡覺不是更好嗎？」「對不起，老師，我不是故意的。」這句話引起哄堂大笑，在課堂上打磕睡當然沒有人是故意的，而是因為打不起精神才會昏昏欲睡。但老師並不瞭解，認為我是心不在焉，沒把心放在書本上，於是一氣之下說出了更難聽的話：「我知道你不是故意的，因為你就是這種壞學生，爛泥糊不上牆，一做正經事就沒精神了。」這句話像燒紅的烙鐵般烙印在我的心上，直到今天我依舊感慨不已。如果當時我聽信了老師的話，認為自己真的不長進而喪失自我，現在也許依舊只是一張滿是塗鴉的紙。

所以，一個人的價值不應該因為他人的訓斥或表揚而有所改變，個人的價值需要在不斷檢討自我的過程中產生，並要努力讓自己不斷升值。人生積極的價值、意義需要你自己鑄造！

我所要強調的一點是：觀念改變生活，你為何還不改變觀念？

二、觀念改變生活，你有怎樣的觀念就有怎樣的生活

觀念創新的實質是我們主動改變自己，從而改變生活、改變命運，最終重塑人生的過程。世界不是靜止的，生活隨時都在發生變化，我們沒有別的選擇，除了我們的態度。這也就是為什麼有的人可以走在前面，有的人卻裏足不前。

的確，太多東西改變了我們的生活，如果你上網打開Google，輸入「改變生活」，你會得到一百三十萬筆資料：設計改變生活、認證改變生活、汽車改變生活、網路改變生活、音樂改變生活……太多太多讓人眼花撩亂，以致於我們不得不開始考慮，難道我們的生活已經如此脆弱？其實Google並不完整，還有更多的東西改變了我們的生活：一次婚姻、一場車禍、五百萬大獎、失去的親人、SARS、九一一事件，當然還有很多很多……紛亂繁雜，難以窮盡。

然而，生活縱然萬般變化，最終還是籠罩在一種力量之下，這就是你的觀念。只要你認為這是個好年頭，你想怎樣就怎樣，原則上沒有東西能攔住你。生活是圍著你的頭腦轉的，你能夠改變自己的觀念嗎？當你改變時，你的生活便隨之改變！

三、學會控制你的生活，而不是讓生活牽著你

天下沒有也不可能有兩片同樣的樹葉，其實，生活就是那樹葉，同一部門的同事各方面都相似，但是，生活的狀態和品質絕對不會一樣，有時甚至大相徑庭。為什麼？除了以上談的那些之外，關鍵在於你是否能把握和控制生活，而不是讓生活或工作操縱你。控制生活是一門你活到老學到老的課題，它更是一門藝術！以下是我的思考點滴，希望對你產生投石問路、拋磚引玉之效！若要完全掌控自己的生活，首先必須找出自己的信念，改變過去舊有思維限制，去除相互矛盾的信念。改變信念，必須做到下列事項：

1. 確定需要改變的信念。
2. 聯想現階段因錯誤信念帶來的痛苦，便容易自動將其消除。
3. 確定新的有效信念。
4. 對新信念充滿希望。

5.不斷藉著重複「練習（幻想、感受其效果）」，適應新的信念，想像有了新信念後，生活將變得更美好，如果仍維持舊有信念，對生活會帶來什麼不好的影響。

以下是兩項簡單，但必須學會適應的重要信念：

1.過去不等於未來。

2.有志者事竟成。

找出兩項限制生活的信念，利用以下的「狄更斯模式」進行修正。

1.找出兩項確定需要改變的信念。

2.閉上眼睛，想像並感受其結果——過去和現在，這些信念對你造成的影響？想想這些信念是否造成情緒不穩定？是否影響你的人際關係、經濟狀況、健康狀態、快樂程度和自己的成就？這些信念是否造成任何不良的影響？

3.想像五年之後，如果這些舊有信念仍然牽制著你。將會造成什麼傷害？

4.想像十年之後，會造成什麼傷害？

5.想像二十年之後，會造成什麼傷害？

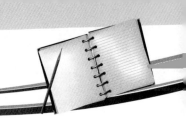

6.再回到目前的情況，察覺一切還尚未發生，現在你還來得及做修正，只不過現在一時的變化，可能讓你十分不習慣！

7.全身徹底作改變，讓自己整個人充滿活力、動力和熱情。

8.訂定新的信念，並將其以積極的語氣寫下來。閉上眼睛，想像這些新信念將完全改變你的生活品質。你將會獲得什麼益處？財務上或人際關係是否也會改變？當這些信條開始影響你的日常生活，健康狀況是否也跟著好轉？然後再做比較，生活是否變得更好、更成功？情感、健康狀況和經濟上是否更富足？

9.想像持續新信念的五年之後，相較之下，現在的生活狀況如何？

10.想像十年之後的狀況，相較之下現在的生活狀況如何？

11.想像二十年之後的狀況，相較之下現在的生活狀況如何？

12.比較兩種不同的未來狀況，選擇較好的生活方式，應用於現在。

第五節　打開你的背包

如果把人生的旅程比作一場旅行，我建議你現在就打開自己的行囊，看看裡面到底都裝了些什麼？裡面有哪些其實是你並不需要的東西？我時常把人的一生比喻成撲克牌遊戲，我們出生時就像把所有屬於自己的牌完整的掌握在自己手裡，這裡面是好、是壞已成定局。我把這些屬於自己的撲克牌稱之為「元素」，這些元素是確定的，你在這場遊戲中的表現決定於你如何掌握元素的排列組合。排列組合的不同決定著你的結果。

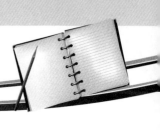

一個人的一生就像這場撲克牌遊戲，當你出生時，你的所有和所沒有的元素都是個不可更改的客觀存在。單向的人生之路沒有你回頭的機會，你只可以停在原處做短暫休憩，永遠也無法回頭，你的未來是什麼樣，一切決定於你如何排列組合所擁有元素。

你需要懂得排列組合的技巧，更需要在排列組合中獲得快樂、獲得幸福，因為人生不是為了「排列組合」而「排列組合」，懂得「排列組合」的遊戲規則和技巧，這樣你才會幸福、才會快樂！那麼，現在先讓我們打開自己的背包，看看裡面到底都裝了些什麼，這麼的沉重！

背包的第一層是什麼，讓我們來看看，是工作！大部分人的行囊中裝滿的幾乎全是工作，很重！很多人為了工作放棄了自己兒時的夢想，或者說為了現實的生活把夢想轉化成今天的工作，我們不可否認這是好事，但是工作是否讓我們放棄太多太多了，它值得我們這樣做嗎？工作當然是我們所必須的，但是為了工作我們放棄了很多，這是你之所以缺乏「幸福快樂感」的根源，它使你在人生中幾乎不能走完剩下的路……

第二層是什麼？讓我們仔細看看，原來是那些令人整天忙忙碌碌的各種應酬。你的生活中充滿著各式各樣的應酬，儘管你十分不喜歡、不樂意。為了應酬，我們經常與情人爽約，把另一半拋在一邊，讓她焦急的等待，後果是有的夫妻不和，有的更以離婚來結束無休止的戰鬥；為了應酬，我們一次次的欺騙年邁的父母，很少回老家看看；為了應酬，我們幾乎沒有時間來完成自己的愛好和自我反省；為了應酬，我們的生活變得了無生趣……

第三層是什麼？我們的家庭，家庭太擁擠了，它幾乎在背包的最底部。家庭是我們的避風港，它更需要新鮮的空氣，但是很多人都把它遺忘了，將它壓在行囊的最底端，忘記家庭是我們成長的基地、力量的泉源……

第四層是什麼？是我們真正的朋友，他們被遺忘在遙遠的地方，「那是我多年的老友，已經好久沒有聯繫了」我們時常會聽到人們這樣說。

第五層是什麼？是我們僅有模糊記憶的兒時夢。確實，現實的生活很可怕，它能夠造就我們也能毀滅我們，把我們變得連自己也找不到自己，據說拿到「月光寶盒」的人可以透過它看見自己的後五百年，其實，不要說後五百年，就是後五十年，很多人就不再是他自己，他完全變了！這不需要什麼「月光寶盒」。打開你的背包向最底層看，那是你兒時的夢，這些為什麼距離現在這麼遙遠……我們的背包容量是一個定值，你多裝了太多你認為有用但事實上無用的東西，為什麼會有這麼多沒有用的東西？我會在下一節進一步分析。但是在這之前，你必須懂得以下的人生道理：

1.人生是有限的，必須學會在無限中對於有限的抉擇。

2.佛學的觀點，人生是一個定值。

3.簡單才是最好。

以上道理我將在以後的章節中逐一論述。好了！跟著我打開並檢查你的背包，這是一個艱難的工作，必須有你的參與和配合，讓我們開始吧……

第六節　為什麼會有這麼多沒用的東西？

為什麼你的背包裡會有那麼多沒用的東西？從什麼時候開始裝進去的？你是否在不假思索下一直在你的人生行囊中塞東西？你是否在疲憊的人生之路上忘記了自己的初衷？你忘卻了很多，你覺得茫然若失，但是，你卻從來沒有檢視自我，清點你的行囊。不要等到你心死力竭時才有所醒悟。

你要學會放下的本領，它們能引領你的生活沿著正確的軌道，從容、坦然，而且快樂……你不懂捨棄的根源是什麼？生活中的你是否有著無窮的欲望？而且這種欲望在與日俱增，幾乎隨時都可能爆炸！你看到別人的房子比你的大，你就暗下苦心，要拼命的工作賺錢，也要擁有那樣的房子，甚至要比別人的房子更大、更好，很多人還會對自己親愛的人說：「寶貝，我不會讓妳受苦，我要讓妳住別人沒有的洋房，開別人都為之羨慕的名車。」總而言之，要讓自己過得超越別人，至少是親戚、鄰居。要知道，人的欲望是永遠也填不滿的無底洞，你無休止的填充只是徒勞，因為這是一口你無法滿足的井。

我們要時常的問問自己：「我是否太貪婪了？」其實「貪婪的你」並沒有達到你的預期目的，使你的情人獲得幸福和滿足（這一點我們會在以後章節中重點論述）；使你年邁的父母感知你對他們的尊愛和孝敬，因為你為了追尋你夢想中最大的乳酪而忽視了他們焦急的等待。他們孤獨的在家裡，困守在你送給他們所謂的「昂貴禮物」旁邊，他們好像對於眼前這些是如此的麻木，甚至是非常的厭倦，他們真正需要的是你「常回家看看」，多陪在他們身邊，他們並不渴望你為他們做多大的「貢獻」！因為他們知道，他們能見到你，和你一起度過的日子已屈指可數。我們的人生行囊中滿是貪婪，儘管這種貪婪並非自己所願！接下來我要為你分析你飽滿而沉重背包的起因，那裡面為什麼裝進了很多原本你並不需要的東西，而且可悲的是，很多人還繼續著這種惡性循環……

一、學會捨棄，善於選擇

很久以前，有個人愈來愈感到生活沉重，眼看無力支撐，無奈之下只好去請教一位智者。智者把他帶到一條五彩石鋪就的小徑，然後交給他一只背簍，讓他順著小徑一路走下去，把喜歡的石頭都撿進背簍裡。

這個人依言行事。紅色的，他感覺熱情奔放，絢麗似火；白色的，他認為晶瑩剔透，純潔無瑕；黑色的，他認為莊重嚴肅，明亮閃耀……他把它們一一撿進行囊，漸漸地，背簍裡的石頭越撿越多，雙肩越來越沉，後來，終於支持不住，一跤跌坐地上。

智者見狀，又吩咐：從現在起，把最喜歡的石頭留下，其餘的統統扔掉，再往前走試試。這一來，他頓感輕鬆無比，很快抵達了盡頭，輕鬆中透露著快樂……我們的生活中有許多情況都與此相似。我們什麼都想得到，什麼都捨不得丟掉，以致積壓的東西越來越多，直至壓得我們喘不過氣來。的確，我們想得到的東西太多了：名譽、地位、財富……況且，外面的世界越來越精彩，它對我們有一種難以拒絕的誘惑。我們欲望的胃口就這樣被激發起來了。如果把這些誘惑比作甘美的食物，我們總是想把它們全部吃下去，可是我們的胃受得了嗎？知足常樂就是這個道理，人生是有限的，我們所需要的、所能得到的是有限的。我們必須學會在無限的欲望中去選擇有限的滿足，因此我們必須要對自己的生活進行經常的清點，才不至於步履蹣跚。那麼我們應該怎樣清點呢？

1.清點需要智慧。我們的頭腦要冷靜，對於紛繁蕪雜的事物能做出正確的判斷，分清哪些是我們需要的，哪些是我們應該捨棄的。

2.清點需要達觀。應該明白簡單是生活的本質，快樂是人生的真諦。把什麼都拾進行囊，不僅會失去快樂，最終還會使自己什麼都得不到。蘇軾的話也許對我們有所啟發：「天地之間，物各有主，苟非吾之所有，雖一毫而莫取。惟江上之清風，與山間之明月，耳得之耳為風，目遇之而成色，取之無盡，用之不竭，是造物者之無盡藏也……」

3.清點需要勇氣。既要清點，就意味著割捨。每一次清點，實際上就是心靈的痛苦掙扎過程。比如，有一些情感是我們一直所憧憬的，也許我們也已經得到了它，但它來得不是時候，延續它只是飲鴆止渴。最好的辦法就是鼓起勇氣，忍痛割愛。

其實生命就是一次旅行，比如說是一次攀登，我們應該清楚背囊裡究竟什麼是最能幫助自己到達目的地的，為了登上最高峰，「一覽眾山小」，捨棄那些必須捨棄的，留下那些必須留下的。為了使我們的生命旅程更快樂、更自在，請對生活進行經常的清點。

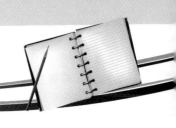

有一棵樹，人們砍掉了它一次次長出的側枝，它留下的是一身的傷痕累累。數年之後，這棵曾被人預言長不到參天的樹竟然長成了，它用它高直的身軀為人遮擋烈日，為人送來一份清涼，它以它平和的心境去接受人們的讚美。於是它明白了：那一個個傷疤是歲月的饋贈，那一份份痛楚是歲月的洗禮，它得感激歲月，因為如果不是當年歲月教它清點生命的點點滴滴，它也不會有今天的參天繁茂。

人的生命彷彿一次漫長的征程，生命中的點點滴滴便是人肩上那些沉甸甸的行囊。在坦途中，你可以背著這些行囊走過一路平順，那艱難中呢？沙漠中，扔下一些不必要的行囊，讓生命多一些輕鬆；涉水時，扔下一些不必要的行囊，讓生命少一些沉重。也許到達目的地時，你會因為那些行囊的不復存在而惘然失所，但是你沒有因為那些行囊而步履維艱，反而讓生命的腳步輕鬆而精彩，這不也是一種收穫嗎？清點生命中的點點滴滴，把不需投入精力的事情果斷的捨棄。因為什麼都渴望得到，無時無刻都勞心勞力，那麼結果只能讓自己失望。

在生命的清點中，你也許會有欲罷不能的無奈，也許會有不再擁有的悵然，但你畢竟還有輕鬆精彩的人生等待。清點生命中的點點滴滴，你還在猶豫什麼？

二、做好心靈環保

現在我要談一談有關心靈環保的話題。環保是當今世界的熱門話題，也是社會的潮流所向。在這個物質文明飛速發展的時代，地球正在承受著前所未有的破壞，我們的生活環境正日復一日地被污染。生活在城市的人感覺特別明顯，曾幾何時，純淨的藍天已成為難得一見的風景，新鮮的空氣已成為堪稱奢侈的享受。

水是生命之源，但我們能夠喝到的是什麼？清潔的水源似乎只有電視廣告中才得以一見。我們的生活被鋼筋水泥包圍著、被喧鬧嘈雜包圍著、被工業的廢氣包圍著。污染造成了整個生態環境的反撲，面對大自然的懲罰，如果我們還不能開始反省、不能檢點我們的行為，終有一天，這個地球會不再為我們提供安身立命的庇護。

這一切破壞，和一味追求經濟發展是分不開的。當今社會，利潤最大化原則幾乎左右了所有人的生活觀念。而從更深層的意義上看，它所造成的不僅是那些有形的污染，所破壞的也不僅是人類賴以生存的環境，更在不知不覺中逐步侵蝕著我們的心靈。今天，人類的物質條件比以往任何一個時代都要富足，我們有了現代化的生活、形形色色的享樂，但我們夢寐以求的幸福並沒有如期而至。事實上，現代人所面臨的煩惱和痛苦絲毫沒有減少。

問題的根源在哪裡？隨著物質文明的提高，我們的思想境界並沒有得到相對的提升。相反的，在物欲的慫恿下，我們的貪、嗔、癡正在隨之增長，我們所造下的殺、盜、淫、妄諸業也在隨之增長。我們以為自己在追求、在收穫，卻從來沒有想到，這種「危身棄生以殉物」的人生，究竟能給我們帶來什麼？如果說生態保護是今天整個社會的當務之急，那麼，心靈環保的提倡也有著同樣迫切的需要。因為正確的人生觀和世界觀，不僅直接影響到我們的人生幸福，更直接或間接影響到生態環境的平衡，影響到整個社會的健康發展。

法國一個偏僻的小鎮，據傳有一個特別靈驗的水泉，常會出現神蹟，可以醫治各種疾病。有一天，一個拄著枴杖，少了一條腿的退伍軍人，一跛一瘸的走過鎮上的馬路，旁邊的鎮民帶著同情的口吻說：「可憐的傢伙，難道他要向上帝祈求有一條新的腿嗎？」這一句話被這位退伍軍人聽到了，他轉過身對他們說：「我不是要向上帝祈求有一條新的腿，而是要祈求祂幫助我，讓我在沒有一條腿後，也知道如何過日子。」

試想，學習為所失去的感恩，也接納失去的事實，不管人生的得與失，總是要讓自已的生命充滿了亮麗與光彩，不再為過去流淚，努力的活出自己的生命。要從知足中獲得快樂、獲得幸福，我親愛的讀者，你必須補上這一節心靈環保課程。

三、簡單才是最好（Simple is best.）

簡單才是最好，任何事情都是一樣，平平淡淡才是真。把複雜的問題簡單化是我們的才智。生活需要簡單化操作。人生行囊沉重的人們，忘記了這一簡單法則！你需要學會簡單生活，減輕你背包，根據佛學的觀點，人生能獲得多少都是個定值、是個定數，你需要用它承載你最需要的東西，而不是在登山過程中拾取你喜歡的每一個石頭。你不是神，不可能背得動整座山，你必須深省簡單才是最好的道理。那麼，究竟怎樣才能簡單我們的人生呢？我在工作背包、關係背包、家庭背包中將分別予以解析。

簡單才是最好，讓我們「簡單」結束這段文字吧！

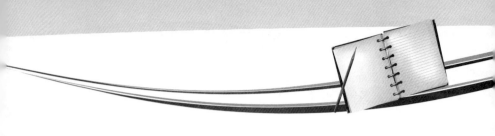

第二章 工作背包

你必須改變現狀，你要學會生活，更要善於工作。減輕你的工作背包，並不會讓你的工作比別人少，而會讓你得到的更多、更好……

如何減輕我們的工作背包，這裡面儘管涉及很多專業性的問題，但是它不只對企業界忙碌的管理者有用，對於一般人亦有諸多借鑒意義，因為工作和生活這兩個孿生兄弟從來就沒有分離過，也絕不可能分離。減輕你的工作背包，你的生活從此會更絢爛多彩。

第一節　我長大以後想做什麼？

我親愛的讀者，在本章的開始，先讓我問你幾個問題。你必須給予誠實的回答。你現在的工作是什麼？你喜歡這份工作嗎？如果喜歡，為什麼？如果不喜歡，又是為什麼？你兒時有過怎樣的夢想？你實現它了嗎？如果實現了，那麼請告訴我你是怎樣實現的？你的途徑是什麼？你實現夢想的途中感覺到的是痛苦還是快樂？如果沒實現，那又是為什麼？你實現了什麼？

每一個人都有兒時的夢，有的想當一名軍人，有的想創業，在商界實現自己的夢想，有的想成為科學家，有的想在藝術上演繹自己的人生……但是，我們現在又如何呢？很多人都沒有實現自己的夢想，甚至偏離自己的夢想越來越遠，自己所走的人生懸梯好像搭錯了方向，幾乎和自己的夢想南轅北轍。

你是否曾經靜下來想一想到底是什麼推動力使你踏上了截然不同的人生道路，而不是你當初所設想的那樣，這裡面的推動力或者說原動力是什麼？我把這種原動力歸咎於「誘惑」，我可以無比堅定的告訴你，「誘惑」是你生命旅程的罪魁禍首，你如果悔恨自己所走的道路，那麼就請你從「誘惑」開始深省！我們的生活中充滿著諸多的誘惑，你無論如何也難以擺脫，困惑的你時常是跟著「誘惑」行走，或者把「時常」一詞變更為「一直」，你永遠是自己人生之路上的盲人，你看不到前進的方向，幾乎不知道是黑、是明，是萬里晴空還是烏雲密佈，只有那些「嗅覺」特別靈敏的人才僅能猜個大概，但他們僅僅是「猜」，從來沒有肯定過。在「誘惑」的帶領下，我們失去了停下來欣賞風景的美好時光，我們一直馬不停蹄、忙忙碌碌，卻總似乎「碌碌無為」。

漸漸的我們磨滅了兒時的記憶，甚至不敢再去追憶，即使鼓起勇氣去面對過去的夢想，大多時候，我們會自己嘲笑自己，「多傻啊！我當初怎麼會這樣設想？真幼稚！」你說的沒錯，以你現在的衡量標準，你過去的想法不但幼稚，而且極為可笑，難以相信自己過去竟然會有如此想法。不過，我要告訴你的是，你兒時的想法和夢並不幼稚也不可笑，你的衡量標準是後來的生活教你的，你被「誘惑」所污染。

地位、金錢、榮譽……所有的一切都是「誘惑」，你能看到別人腰纏萬貫而自己僅能勉強維持生計而不為所動嗎？你能看到自己的同事步步高升，自己仍保持平靜坦然的心嗎？你如果回答「不」，除非你脫離了「誘惑」，否則你一定是在說謊。

我不能否定誘惑的積極作用，正是「誘惑」才構成了整個人類前進的動力，然而，任何事情都要保持一個適度原則，過猶不及是人人皆知的道理，我們要控制誘惑而不是讓誘惑無孔不入。你想獲得前文所論述的幸福，你必須擺脫「誘惑」，學會利用「誘惑」。

是誘惑改變了你兒時的夢，同樣是誘惑加重了你本來輕鬆的工作背包，人類社會的發展是和人類所面臨的「誘惑」同步增長，我們可以猜測原始人也需要工作，但是在那種生產力低下的時代，他們的工作背包遠比我們現在輕了許多，因為他們沒有那麼多的誘惑。

誘惑是一個客觀存在，我們無法消滅，只有在心中平衡它、控制它！學會控制心中的「誘惑」是減輕你工作背包的前提。

第二節 如何減輕工作背包

生命是人生最大的資本

有些人很小心的保護他們室內那架古老的鋼琴，使其每一個鍵不至於損壞。但是他們卻從來不肯費些心力去保護他們的身體，使其不至於毀損。

有的人為「省錢」不去充分攝取必要的營養，因此全身都呈現可怕的半饑餓狀態；有些人則為了「珍惜時間」刻意放棄一切必要的休息和娛樂，生命力慘遭破壞。可是，他們卻一直企圖在已經損壞了的「生命之琴」上，力圖彈奏出偉大而動聽的人生樂章，然而他們所演奏的卻日漸荒腔走板……

「過勞死」逼近你了嗎？

多數中年知識分子長期「五不一做」：不看病、不檢查、不休假、不療養、不睡足、帶病做。醫學專家多年的研究證實，英年早逝者九一%是因為後天自身的原因。今天的中年知識分子同時遭遇到兩個致命的轉型期：社會轉型和身體轉型。

社會轉型使他們焦慮，身體轉型讓他們多病。「英年早逝」悲劇大都發生在四十五至五十五歲年齡階段的中年知識分子身上。過勞死和亞健康已經成為這一代的兩大共通問題。也可以說，這是累倒的一代。

亞健康是病前狀態、臨床前期、疾病先兆。出現亞健康就是健康亮了黃燈，只要注意還是可以恢復的。可悲的是，許多人卻在亞健康的沼澤裡越陷越深，最後失去了健康甚至生命。

許多先進國家已把諸多亞健康症狀列為職業病。例如，由於坐姿工作時間過長，造成肌肉勞損，又稱「頸、肩、腕綜合症」，在許多國家都列為職業病，並且高居職業病發病率的榜首。由於過度疲勞造成的猝死，被俗稱為「過勞死」，在日本屬於職業病的範圍。日本之所以把「過勞死」定為職業病，是因為他們分析了一百名「過勞死」者的情況，其中九〇％是長期每天工作十四小時以上。

許多調查結果顯示，近一半的人生病照常堅持上班；近八成的人很少進行體能鍛鍊，近半數人睡眠品質和睡眠時間不足，許多人缺乏自我保健意識。

請注意身體發出的信號

世界衛生組織指出，每個人的健康和壽命六〇％取決於自己。處於亞健康狀態的人，既有墜入疾病深淵的可能，更有成為健康人的希望，關鍵看你如何善待自己。「輕度身心失調」常以疲勞、失眠、胃口差、情緒不穩定等為主症，但是這些失調容易復原，它約占白領階級的二五％～二八％。如果放任這種失調持續發展，會進入「潛臨床」狀態，此時潛伏著向疾病發展的高度可能。在白領階級中，處於這類狀態的超過三分之一，而在四十歲以上的人群中比例遽增。它可歸納為三種減退：活力減退、反應能力減退和適應能力減退，表現為慢性疲勞或持續的身心失調，常伴有慢性咽痛、反覆感冒、精力不支等。這一族群集中表現為「三高一低」傾向，即，存在著接近臨界值的高血脂、高血糖、高血粘度和免疫功能偏低，身體已經有了病變，但症狀還不明顯，他們多是那些忽視體檢、漠視健康的人。

請注意專家提醒

只要預防措施得當，一定能夠發揮防範的作用。正確的預防是做到「七個要」：

1.要合理安排工作。

2.要有適當的戶外活動。

3.要學會主動休息。

4.要學會自我心理調適。

5.要定期進行體檢。

6.要善於勞逸結合。

7.要主動鍛鍊身體。

對於以上專家建議，你是否能夠做到，如果不能，那是為什麼？你一定說「沒時間」，請問你的時間哪裡去了？時間對於大家來說都是公平的，你卻一直在被時間所操縱，你必須從學習控制時間開始，學會掌握你的時間，而不是讓時間來控制你！我們身邊很多的上班族，甚至包括你，早餐有幾次是在家吃的？又有幾次是和家人一起吃的？一定很少！好不容易有個休息日，你也許是在補那長久缺乏的睡眠而忽略了可貴的早餐。大多數時候，你的生活在時間的牽制之下而疲於奔波。

你必須改變現狀，要學會生活，更要善於工作。減輕的你工作背包，並不會讓你的工作比別人少，卻會讓你得到更多、更好……掌握時間的節奏，做時間的主人，而不是時間的奴隸，以下是掌握時間、控制生活的錦囊妙計，你必須學會在生活中應用！

一、不必事必躬親，要學會授權

讓我們先談談事必躬親的害處。你是自己生活的「管理者」，也是工作中的「管理者」，下面我將以「管理者」代表你和你在生活、工作中的角色。美國管理協會前任會長羅倫斯．阿普里曾經為「管理」下過這樣一個言簡意賅的定義：「管理是透過他人將事情辦妥。」可是，許多人卻常常試圖透過自己將事情辦好，這是一種不智的行為。由「重要的少數與瑣碎的多數原理」可知，管理者日常所處理的事物中，真正具高度重要性的只占少數。他應集中大量的時間處理這些重要的少數事務，而將其餘瑣碎的多數事務，交託給適當的人或機構處理。若他事無巨細皆躬親而為，則不但瑣碎的多數事務將佔用許多時間，致使少數的重要事務無從做好，而且他將剝奪部屬發揮才能的機會。因此，「事必躬親」就成為管理者一個嚴重的時間陷阱。跨越這種陷阱的唯一途徑便是「授權」。在探討授權的真義與授權的技巧之前，希望你先根據下面的測驗，做一番自我考核，看看自己是否具有「事必躬親」的傾向。

下面共有二十道題目，請據實回答。

- 當你不在場的時候，你的部屬是否只做例行性工作？
- 你是否感到例行性工作太佔用時間，以致無法騰出時間做計畫？
- 一遭遇緊急事件，你掌管的部門是否即刻陷入手足無措的狀態？
- 你是否常常為細節問題而操心？
- 你的部屬是否經常要等到你示意「開動」才敢著手工作？
- 你的部屬是否無意提供給你意見？
- 你是否常常抱怨工作無法按原定計畫進行？

- 你的部屬是否只機械式地執行你的命令，而欠缺工作熱忱？
- 你是否常常需要將公事帶回家中處理？
- 你的工作時間是否經常長過你的部屬工作時間？
- 你是否經常感到沒時間進修、娛樂，或休假？
- 你是否常常受到部屬的「請示」所干擾？
- 你是否因接聽過多的電話而感到厭煩不已？
- 你是否常常感到無法在限期內完成工作？
- 你是否認為一位獲得高薪的管理者理應忙得團團轉才合理（才配取得高薪）？
- 你是否不讓部屬熟悉業務上的機密，以免被他們取代你的職位？
- 你是否覺得非嚴密管理部屬的工作不可？
- 你是否感到有必要裝置第二部電話？
- 你是否花費一部分時間去料理屬下能自行料理的事情？
- 對你而言，加班是不是一種家常便飯？

測驗結果評鑑

· 假如你對以上二十道題的答案都是「否」，表示你已能做到授權的要求。

· 假如你的答案中有一個至五個「是」，表示你授權不足，但情況並不嚴重。

· 假如你的答案中有六個至八個「是」，表示你授權不足的程度相當嚴重。

· 假如你的答案中有九個以上的「是」，則表示你授權不足的程度極其嚴重，換句話說，你極可能是一位不折不扣的「事必躬親者」。

所謂授權，是指將分內的若干工作交託部屬履行。授權行為本身是由三種要素構成：第一、工作指派；第二、權力授予；第三、責任創造。分述如下。

1.工作指派

在授權過程中，工作的指派向來最為管理者所強調。不過，一般管理者在指派工作時，往往只做到使部屬獲悉工作性質與工作範圍，而未能使部屬瞭解他所要求的工作績效。這一點可以說是管理者在統御過程中的一大敗筆，因為一旦部屬對管理者所期待的工作績效不甚瞭解，則其工作成果若非不夠水準，即是超過水準。從人力資源有效運用的觀點來看，這兩種情況都是不好的。其次，並非管理者分內的所有工作均能指派給部屬履行。例如目標的確立、政策的研擬、員工的考核與獎懲等工作，都是管理者維持控制所不可或缺的。因此它們均須管理者躬親為之，而不得假手他人。

2. 權力授予

在指派工作的同時，管理者應對部屬授與履行工作所需的權力，這就是「授權」兩個字的由來。主管所授與的權力應以剛好能夠完成指派的工作為限度。倘若授與的權力不及執行工作所需，則指派的工作將無從完成；反之，倘若授予的權力超過執行工作的需要，則將導致部屬濫用權力。

根據當代管理學者哈威．施爾曼的看法，授予的權力大小可以分為六個層次：

(1) 審視問題，讓管理者瞭解含正反意見的各種可行途徑，並建議其中的一個途徑供管理者做取捨。

(2)審視問題，讓管理者瞭解你希望怎麼做，在管理者同意之前不要採取行動。

(3)審視問題，讓管理者瞭解你希望怎麼做，除非管理者表示不同意，否則你可以照自己的意思去做。

(4)你可以採取行動，但事後應讓管理者知道你的所作所為。

(5)你可以採取行動，而不需要與管理者做進一步的聯繫。

以上六個層次，第一個層次所授予的權力最小，但是它所期待履行的任務也相對最輕。第六個層次所授予的權力雖然大到令部屬可以獨斷獨行，而不必向管理者呈報進度或執行的後果，但這並不排除管理者對所授與的權力做必要的追蹤、修正，甚至收回的可能性。

3.責任創造

管理者從事工作指派與授權後，仍然對部屬所履行的工作績效負全部責任。

這即是說，當部屬無法做好指派的工作時，管理者將要承擔其後果，因為前者的缺陷將被視同後者的缺陷。可是，有些管理者在部屬無法做好指派的工作時，都企圖將責任推卸在部屬身上，這種做法顯然是不對的。管理者理應保持一種態度：「權力固可授予，但責任卻無可旁貸。」另一方面，為確保指派的工作順利完成，管理者在授權的時候必須為承受權力的部屬訂立完成工作的責任。部屬若無法圓滿地執行任務，則授予權力的管理者將唯他是問。

授權不僅足以使管理者掃除時間盲點，而且它也是一種可以使部屬「邊做邊學」的在職訓練，透過這種在職訓練，部屬的歸屬感與滿足感均可因此而提高。管理者大致都能瞭解授權的好處，但是他們多半視授權為畏途。其原因不外是：

(1) 擔心部屬工作表現太好。
(2) 擔心喪失對部屬的控制。
(3) 不願意放棄得心應手的工作。
(4) 找不到適當的部屬授權。

從管理學的角度而言，以上五個理由都難以成立。循序分析如下：

(1)擔心部屬做錯事的管理者，內心裡真正擔心的，恐怕不是部屬做錯事的本身，而是怕被部屬做錯事所連累。這一類管理者一方面對部屬欠缺信心，另一方面又不願意為部屬受過，所以有如唱獨角戲那樣凡事皆親力親為。部屬難免會做錯事，但若管理者能給予適當的訓練與培養，做錯事的可能性必然減少。授權既然是一種在職訓練，管理者當然不能因怕部屬做錯事而不予訓練，反而更應提供充分的訓練機會以避免部屬做錯事。

(2)不可否認地，有些管理者因擔心部屬鋒芒太露，或「聲威震主」而不願授權，但是從另一個角度來看，部屬良好的工作表現可以反映管理者的知人善任與領導有方，所以管理者功不可沒。

(3)只有領導力薄弱的管理者在授權之後才會喪失控制。在授權的時候，倘若管理者能劃定明確的授權範圍、注意權責的相稱，並建立追蹤制度，就不會擔心喪失控制。

(4)基於慣性或惰性，許多管理者往往不願將得心應手的工作授權部屬履行。另外，有許多管理者基於「自己做比費唇舌去教導部屬做更省事」的理由而拒

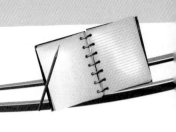

絕授權。這兩類管理者的共同缺陷，即是將他們有限的時間與精力，浪費在本來可以不需要他們處理的工作上，而使需要經由他們處理的事物無法獲得應有的重視。任何一位管理者管轄的工作，大體上均可區分為五種層次：①管理者必須躬親履行的工作；②管理者必須躬親履行，但可藉助部屬幫忙的工作；③管理者可以履行，但部屬若有機會亦可代行的工作；④必須由部屬履行，但在緊急關頭可以獲得管理者協助的工作；⑤必須由部屬履行的工作。在正常情況下，管理者對第②層次以下的工作應授權部屬履行。

(5)「找不到適當的部屬授權」，常被一些管理者當作不願授權的藉口。任何部屬都具有一定的可塑性，因此均可藉授權予以塑造。就算真的找不到一位可以授權的部屬，仍是管理者的過失，因為倘若員工的招聘、培訓，與考核工作做得不差，又豈會有「蜀中無大將」之理？由以上的分析可知，授權根本不是「能不能」的問題，而是「願不願」的問題。

授權的要領

(1)在可能範圍內，應儘量將工作交託部屬去執行。

(2)管理者對部屬可能犯錯應有心理準備，並坦然接受。

(3)授權後，管理者應強調部屬的工作績效，而不應斤斤計較其執行工作的過程。

(4)授權應公開進行。

(5)管理者不應當將授權範圍限定於例行性工作，而應將它擴大到需要運用心思的工作。

(6)管理者應鼎力支持被授權者所制定的措施，並為其承擔必要的責任。

(7)除非事先獲得協調，否則管理者不應將兩位或兩位以上的部屬共同履行的工作交託單獨一位部屬去履行。

(8)管理者切忌從事重複的授權。

(9)管理者應由簡而繁，循序漸進地從事授權。

(10)當被授權者發生疑難時，管理者不應只告訴他解決的方法，而應幫他自行尋找解決方法。

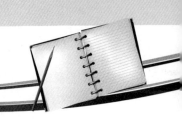

(11) 管理者不應姑息被授權者的「反授權」行為——允許被授權者在未做妥工作之前將工作擲回。

(12) 管理者在授權後應對被授權者進行追蹤。

二、學會與秘書協調，減輕你的工作

一提起「秘書」，相信許多人的腦海裡立刻湧現這樣的形象：第一、她是女性；第二、她是可有可無的人物（花瓶）。這樣的刻板印象令人深感遺憾。導致這種看法的主要原因，在於主管未能正視秘書的工作性質。

在許多管理者心目中，秘書的工作不外乎接聽電話、接待訪客、打字、速記與管理檔案。這些工作固然都屬於秘書的職務範圍，但秘書所能履行的與所應履行的工作並不只限於這些。

美國的「全國秘書協會」曾費盡心機地為「秘書」立下這樣的定義：「秘書即是行政助理，具有處理辦公事務的技能，在無直接監督的情況下，足以承擔責任，能運用自發力與判斷力，以及在指定的許可權限內有能力制定決策。」由該定義可知，秘書是具有特殊身分的幕僚。這種特殊身分表現在秘書與管理者緊密的工作搭配上。

能符合此一定義的要求者並不限於女性，有跡象顯示，愈來愈多的男士樂於擔任秘書職務。其次，在秘書的配合與協助下，管理者與秘書將成為組織內部一個小型的「管理隊伍」。因此，將秘書視為一般機構中的邊緣人物，是不對的。

既然管理者與秘書是組織內部小型管理隊伍的成員，這兩個成員之間必須相互配合，以避免浪費彼此的時間。管理者與秘書之間必須定期地（至少半年一次）探索自己與對方的時間搭配，然後再共同研究跨越這類時間陷阱的對策。

當管理者的時間及秘書的時間搭配經過上述的步驟協調出結果之後，管理者與秘書必須一起分析兩個人的時間衝突，藉以瞭解每一個人如何為對方製造時間陷阱，以及將來應採取哪些措施才能避免。

除了採取上述方法探索及迴避管理者與秘書之間的時間陷阱之外，管理者應謹慎對待秘書的甄選及訓練工作，以確保秘書成為他管理隊伍中的左右手。但是，秘書應具備哪些素質與技能，才能成為管理隊伍中的左右手呢？曾兩度榮任

「全美秘書協會」會長的露絲．加里諾為管理者提供了她的評鑑尺度。

好好抉擇你的秘書，掌握秘書的評鑑尺度

(1) 你的秘書是否瞭解你在組織裡所擔任的全部責任和活動範圍？是否瞭解你的個人目標和意志，以及該目標和意志怎樣與公司的目標融合在一起？

(2) 你能否接連三、四個星期都不到辦公室去，但確信在這段時間內組織裡的公事和你的私事都能獲得盡責而迅速的處理？

(3) 秘書是否幫你安排時間、協調約會事宜和工作程序，以及應付限期的要求，而全然沒有滋擾到你？秘書本身是不是一位很有條理的人？

(4) 秘書是否無需你提醒即能自覺地處理並追蹤業務？

(5) 秘書對待你的同事、客人和顧客是否謙恭有禮，且樂於協助？他們對他評價好嗎？

(6) 秘書是否具想像力和創造力？能否提出原始的創意供你參考？是否倡議新的體系和新的辦事程序？

(7)秘書是否聰慧？是否主動處理困難的事？

(8)秘書是否有效率地傳遞檔案？能否催促你及早處理其他同事所等待的那些擺在你手上的檔案，以及催促其他同事及早處理你所等待的那些擺在他們手上的檔案？

(9)秘書的基本秘書技能（例如文件歸檔、速記、接聽電話的禮貌等）是否無懈可擊？

(10)遇到困危時秘書是否鎮定？當工作處於緊張時，是否保持諒解與愉快的態度？當你因受壓力而發脾氣或喪失自我控制時，他是否泰然自若，仍像往常一般繼續工作？

(11)秘書對你是否絕對忠心和信賴？無論是公事上的或私事上的秘密你都能託付他嗎？

(12)秘書是否博文廣識，並促請你注意與你的公事及私事有關的訊息？

(13)秘書是不是一位能提供業務資料的人（即，能為你收集你自己所不能或難以收集的資料的人）？

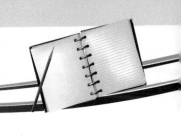

(14) 秘書是否具有自求提升的計畫？秘書是否參加以管理為導向的課程或演講？秘書是否嘗試進一步去瞭解你所服務的公司、你的工作、你的顧客，或是你所置身的行業？

(15) 秘書是否善於表達？秘書能否以口頭或書面為你概括地陳述資訊？秘書是否知道你對某些政策或實務的見解，並能像你那樣向別人表達它們？

(16) 秘書是否完成每天的工作而不理會所佔用的時間？必要時，秘書是否願意在晚間或週末工作？

(17) 必要時，秘書是否像一般管理者那樣將工作分攤出去？換句話說，秘書能否將秘書所未完成的工作充分授權、督導，並承擔責任？秘書能否協助你訓練其他職員？

(18) 秘書能否獨立地代你處理日常工作而無需你操心？

(19) 秘書能否代你追蹤重要的日期，即你的上司、你的家庭，以及你的顧客所有的大日子（例如週年紀念日、生日、宗教節日、假期等）？

(20) 秘書能否替你做基本的研究工作，例如為你搜集撰寫報告用的資料，甚至為你草擬報告？

三　為了減輕你的工作背包，首先你要學會說「不」

人們總是希望別人能肯定自己、迎合自己，因而生活中的「YES」比「NO」更受人歡迎。人們常憂慮：如果我拒絕了他，就不能繼續保持友誼了。於是為了友誼遷就朋友，在本該拒絕時，沒有說「不」。對於自己難以辦到的事承諾下來，如果辦不到，無法對人解釋，更無法取信於人；如果勉強自己去做不願意做的事，內心矛盾、衝突，情緒不好，無法坦率真誠地待人，反而影響了與朋友的和諧關係，甚至會出現讓自己後悔的事情。

你說「不」的能力如何？

1.下面情境是否與你在生活中的表現相符？在每題的括弧中填上你的選擇。

依程度不同，分為①非常不像我、②有點不像我、③一般、④有點像我、⑤非常像我五個等級

(1)即使覺得自己受到傷害，也會小心翼翼地避免傷害別人。（ ）
(2)當別人要求我做一件事情時，我一定會堅持問明原因。（ ）
(3)我很喜歡主動和陌生人或剛認識的人聊天。（ ）
(4)我能公開、坦白地表達自己的感覺。（ ）
(5)我通常很難說「不」。（ ）
(6)如果有人企圖插隊到我前面，就是想來找罵挨的。（ ）

解讀自我

第(1)、(5)題中，如果你選擇的是「非常像我」或「有點像我」，說明你屬於消極型反應方式。

第(2)、(6)題中，如果你選擇的是「非常像我」或「有點像我」，你屬於攻擊型反應方式。你應該注意改變自己的反應方式，提高自我肯定技巧。

第(3)、(4)題中，如果你選擇的是「非常像我」或「有點像我」，你的反應方式屬於自我肯定，你應該堅持自己的行為方式，並能將自我肯定運用到其他的情境中。

2.給你兩分三十秒回答問題，並把下面各題的答案用一個字來概括。

(1) 朋友極想分享你心中的小秘密，你又不便於告訴她，你會怎麼辦？（　）

(2) 老師和你談話之後，朋友追問你談話的內容，而你不想透露給他，你會怎麼辦？（　）

(3) 朋友打碎了教室玻璃，要你幫他做偽證，你會怎麼辦？（　）

(4) 朋友要你不去上體育課，和她一起躲在教室裡聽最新的流行音樂，你會怎麼辦？（　）

(5) 考場上，好朋友有幾道題不會做，請你「幫忙」，你會怎麼辦？（　）

為什麼拒絕別人的「請託」這麼難？如何拒絕？好處是什麼？拒絕比順從需要更大的勇氣，敢於說「不」是件了不起的事情，這體現你做人有原則，有堅定的意志，遇事有主見，表明你能把握自己，對事情能做出正確的判斷，做事有信心不被別人左右，遇事能冷靜；也說明你勇敢有個性，更具人格魅力。拒絕是一種藝術，處理得好，還可以贏得朋友的尊重和信賴，加深友誼。

當一個人能夠克服「不好意思拒絕」的心理，並具備「拒絕他人」的技巧，他因免於履行自己所不願意履行的承諾而節省的時間將極為可觀。相信大多數人都同意這一見解，但是真正能夠克服不好意思拒絕的心理障礙、具備拒絕技巧的人並不多。

一般人所面臨的請託可能來自部屬、上司、其他同級的管理者，或是組織以外的人士。在眾多請託中，有一類是因職務關係而責無旁貸的；另一類雖然也是與職務有關，但請託本身卻是不合時宜或是不合情理的；尚有一類則屬無義務履行的請託。引起管理者困擾的是後兩類請託。猶如一般人一樣，管理者之所以不好意思拒絕他人的請託，可能是基於以下原因：

(1) 接受請託比拒絕請託更為容易。
(2) 擔心拒絕請託後將觸怒請託者，導致請託者的報復。
(3) 想做一位廣受愛戴的好人。

(4) 不瞭解拒絕他人請託的積極性。

(5) 不知如何拒絕他人的請託。

消除前四種原因，須從觀念的澄清著手；至於消除最後一種原因，則有待技巧的培養。固然接受請託遠比拒絕請託更為容易，但若僅僅為圖一時的方便而接受請託，則可能導致無窮的後患。因為受託者在履行受託事項時可能力不從心，也可能支付不起昂貴的代價。因此在面臨請託的時候，應先衡量接受與不接受的後果。例如可以自問：這種請託對我重要嗎？對實現管理者的目標有幫助嗎？如接受它，將要付出什麼代價？如不接受它，則須承擔什麼後果？經過「成本與效益分析」之後，再決定取捨。

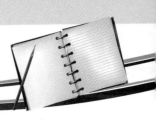

毋庸置疑地，拒絕請託有可能引起場面尷尬，並可能觸怒請託者。但是管理者不需因這種擔心而採取來者不拒的作風，因為並非所有的拒絕均足以導致尷尬的場面或觸怒請託者，何況當管理者懂得拒絕的技巧，將可避免或消除以上的疑慮。

至於「擔心拒絕請託之後將導致請託者報復」一事如有可能發生，則表示受託者與請託者之間人際關係已經破裂，其根本的挽救方法在於改善彼此的關係。

倘若管理者為了想做廣受愛戴的好人而有求必應，則各形各色的請託將四面八方地源源而來。一旦他辦不妥受託的事項，則不僅他所企求的愛戴將化為烏有，而且他將喪失請託者的尊敬。

「拒絕請託」的重要性在於：第一、「拒絕」是一種「量力」的表現。有些請託若由他人承受可能比你自己承受更為恰當。第二、拒絕是保障自己行事優先次序的最有效手段。倘若因勉強接受他人的請託而擾亂自己的步伐，結果將無異於根據他人的行事優先次序而生活，或是根據他人的節奏辦事，這是不合理的。

也許你會以為，為了保障自己的行事優先次序而拒絕他人的請託，是一種自私的行徑。這是觀點與角度的問題。試問，當一個人為了貫徹自己的行事優先次序，而妨礙了你貫徹你自己的行事優先次序，那麼他是否就不自私？其實，避免因拒絕他人的請託而產生「良心不安」的一個可行辦法是：在擬定與檢查自己的行事優先次序時，經常將別人的福祉也列入考慮。

學會拒絕

1.下列九項有關拒絕請託的要領，可供管理者參考：

(1)要耐心傾聽請託者所提出的要求。即使你在他述說的半途即已知道非加以拒絕不可，你都必須凝神聽完他的話。這樣做，為的是確切地瞭解請託的內容，以及表示對請託者的尊重。

(2)如果你無法當場決定接受或拒絕請託，則要明白地告訴請託者你仍要考慮，並確切地指出你所需要的考慮時間，以消除對方誤以為你是在以考慮作擋箭牌。

(3)拒絕請託的時候，應顯示你對請託者的請託已給予慎重的考慮，並顯示你已充分瞭解到這種請託對請託者的重要性。

(4)拒絕請托時，你在表情上應和顏悅色。最好感謝請託者能想到你，並略表歉意。切忌過分地表達歉意，以免使對方以為你不夠誠摯，因為如果你真的感到過意不去，那麼你將會設法接受他的請託而不會加以拒絕。

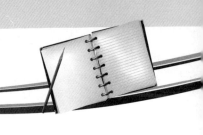

(5)拒絕請託時，你除了應顯露和顏悅色的表情外，仍應表示堅定的態度。這即是說，不要被請託者說服而打消或修正拒絕的初衷。

(6)拒絕請託者，你最好能對請託者指出拒絕的理由。這樣做，將有助於維持你跟請託者原有的關係。但這並不意味著對所有的請託拒絕都必須附以理由。有時不說明理由反而會顯得真誠。例如，你偶爾對頻頻請託的人和顏悅色地說：「真抱歉，這一次我無法效力，希望你不介意！」相信這不至於產生不良的後果。一旦你附以拒絕的理由，則只須重複拒絕，而不應與之爭辯。

(7)要讓請託者瞭解，你所拒絕的是他的請託，而不是他本身。這即是說，你的拒絕是對事而不對人的。

(8)拒絕請託之後，如有可能，你應為請託者提供處理其請託事項的其他可行途徑。

(9)切忌透過第三者拒絕某一個人的請託，因為一旦這麼做，不僅顯示你的懦弱，而且在請託者心目中會認為你不夠誠摯。

以上九種要領，運用之妙，存乎一心。

2.激勵你勇敢說「不」的方法

運用自我暗示法，可以有效地解決你缺乏勇氣說「不」的問題，與各種說「不」的言語和非言語方法配合使用效果更佳。其步驟為：

(1)找一個安靜的地方，舒適地坐在椅子上。把背挺直，身體放鬆，深呼吸兩次。

(2)大聲說「我能勇敢地說不」、「我可以拒絕別人」、「我能跟大家一樣好」等。只要是能激勵自己的句子都可以。

(3)說這些句子時，要認真、專注，好像全身的細胞都在要求你說出這些話。

(4)一個句子重複說三到四遍，可以自己一個人做，或和同伴一起做。

(5)在拒絕別人之前，可以在心中默默進行自我暗示，或平時每天大聲地練習五分鐘左右。

3.要善於說「不」

(1)用沈默表示「不」。你對某事不同意、不願意時，可以不表態或一笑置之，對方自然會明白。

(2) 用替代方案表示「不」。提出其他更可行的活動，來代替對方的要求。如：「我不想去玩電動，我想踢足球會更有意思」。

(3) 用陳述利害關係的方法表示「不」。

(4) 用迴避表示「不」。幹部改選時，你的朋友說：「我們都選小宇吧！」你可以這樣說：「小穎很有能力，這次應該被選上。」

(5) 用反問表示「不」。例如，「你覺得這適合嗎？」

(6) 用先說「是」再說「不是」的方法表示「不」。如：「有點道理。但是如果這麼做會不會引起……的情形？」

(7) 說了「不」之後，加上一句補救的話來沖淡對方的不愉快。

(8) 抬出對方不敢反對的第三者來說「不」。如：「這是學校、老師不允許的。」

第三節　改變工作方式提高你的工作效率

我們在工作過程中經常會感到自己的工作任務重、壓力大，很想集中精力把事情做好，可是總覺得自己的時間並不是自己所能支配。因為下屬會找你彙報工作，老闆會找你瞭解工作，其他部門的主管會找你協調工作，還有很多很多的會要開……而且日常的事務性工作很多，整天都忙於此，一天下來總有很多忙不完的事，沒有時間去規畫整個部門的工作、去考慮如何提高員工的工作效率、去建立高效運作的團隊和激勵員工、去做身為一個主管真正的職責、去發揮一個真正主管的作用……其實任何主管在工作中都會遇到以上問題，我們可以根據這些問題做以下歸納及分析。

第一個會遇到的問題，是自己的時間時常不能由自己支配。的確，身為主管，你有時會覺得時間很難支配，因為你是主管，你涉及的部門、人和事自然就多了。例如，你是一個經理，維修工程師找你談他在客戶維修過程中遇到的問題，備件管理員找你談維修備件不足，維修代理找你談勞務費的問題，事業部主管找你瞭解工作，業務部向你尋求協調，還有電話不斷，會議很多，好多的E-mail要收……所以，你總覺得自己的時間往往不能由自己支配。

第二個會遇到的問題，是自己經常被迫忙於事務性的工作。我們有時會覺得日常事務性的工作很多、很雜，幾乎是遇到什麼問題就解決什麼問題。身為管理者，你每天要面臨很多繁瑣而複雜的問題，管理者如果碰到什麼問題就著手解決什麼問題的話，那你很快就會窮於應付。

第三個會遇到的問題，是例外的事情經常發生，而且必須要你親自處理。由於例外的事情大多未授權，下屬不能獨立處理，必須由主管出面。

針對以上問題，該如何解決呢？我們可以從四個方面去解決。

一、高效率地利用時間

時間是十分有限的，而且無法替代和返回，做任何事情都少不了時間這個資源，沒有時間就無法完成。如果我們想做好事情或想做更好的事情，就要珍惜時間，合理地安排和利用這有限的資源，不為一些小事或無關緊要的事來浪費自己的時間，而是把有限的時間用在最主要的工作上。所以高效率地利用時間是一個優秀管理者最重要的特點之一。怎樣才能高效率地利用時間呢？就是要記錄時間、分析時間，防止時間浪費，重新安排自己的時間。

1.記錄時間

如果你是一個主管，你想知道自己的時間是怎樣消耗掉的，可以採用時間記錄辦法。如規畫一張工作時間表，進行記錄，時間間隔可以是五分鐘、十分鐘……記錄自己做了什麼事情，經過幾天或幾週的統計，就可以相當準確地反映出自己的時間究竟是怎樣消耗掉的。

2.時間分析

首先，在時間記錄表中找出那些根本不必要做的事項，找出那些純粹是浪費時間的事項，也就是那些可以不做，而又毫無影響的日常性事務。

其次，在時間記錄表中找出那些可以讓下屬去辦而且下屬絕對可以做好或效

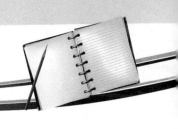

果相同的工作，你可以授權下屬去處理；同時找出那些可以讓其他相關部門去辦，而且在相關部門的職權範圍更好控制、處理效果更佳的工作，你可以與其他相關部門協商，轉由其他相關部門去處理。

最後，在時間表中找出那些浪費別人時間的事項，比如開會，如果能不開就儘量不開。

3.消除其他時間浪費的因素

時間浪費除了以上因素，還可能是由於管理不善或組織不良造成的，為此，管理者應做以下幾個方面的工作。

首先，找出由於缺乏合理的計畫、制度所產生的時間浪費。如果是部門中一直出現的問題，身為主管就應堅持杜絕此類問題繼續出現。比如，某個部門一直出現因備件短缺產生服務拖延的問題，而經理一直忙於處理這些客訴，這是備件申請或備件計畫缺乏合理所致。

其次，人員過多也容易造成管理者的時間浪費。照理說，人員多了，管理者可以把工作多分一些下去，有更多的時間思考組織大方向的問題，結果往往相反。這個處理和算術不一樣，在一個組織當中，一個人做需要兩天，兩個人做可能需要四天甚至更多天。人員太多不但可能降低工作效率，而且矛盾叢生，衍生出許多工作，從而加重管理者協調的工作量。

最後，組織不健全也是造成時間浪費的因素之一，它的特徵就是會議太多，這裡指的會議是必須開的。開會是組織缺陷的補助措施。理想的組織應該沒有會議。在理想的組織中，任何成員都瞭解他所必須瞭解的事，也都能及時地獲取他所需要的各種資源。管理者如果在會議上花太多時間，就說明組織不健全，其表現為授權不合理或協作關係不明確，相互溝通管道發生障礙等。這時就要健全組織。

4.合理安排自己的時間

管理者在分析了自己的時間利用情況，並消除了時間浪費的因素後，就明白自己究竟有多少時間可以自由利用了，他可以把這些時間運用於真正重要的問題上。

那麼，如何才能合理的利用有限的時間呢？

二、首先分清各項工作的輕重緩急

如果管理者不能改變自己生活和工作的模式，就將被迫忙於日常事務。因此，應用一套判斷的標準，用來決定哪些事應該優先考慮、哪些事應該稍後處理、哪些問題可以讓下屬去處理。

1.要儘量擺脫過去，著眼於將來

有效率的管理行為準則之一，就是儘量擺脫過去，不把精力花在過去的事情上。因為昨天已經過去，並不會再給公司帶來產出，必須把資源投到未來的工作中去。

然而，身為一位管理者，往往不可能完全擺脫過去，因為現在是過去所做決策和所採取行動的結果，過去的決策或行為無論是否完美，或多或少會給現在帶來一些困擾。每一位管理者都必須花費一部分時間和精力，去彌補過去行動和決策所造成的結果。事實上，身為管理者在這方面所耗費的時間，往往比其他任何工作都多，但是我們至少可以儘量壓縮過去遺留下來的。我們是要彌補過去，但不應把主要精力放在這方面，而是應該記取教訓，把精力和時間集中在未來的工作上。

2.管理者應按例外原則辦事，充分授權

例外原則就是管理者只負責處理條例、規章、制度所沒有規定的例外事情，凡是有規定的事，就應按章辦事。大家都按章辦事，根據自己的職權處理各種例行事務，管理者自然可以集中精力處理一些例外的、重要的事情。事必躬親是管理者忙於日常事務的一大弊病。這涉及到健全各種規章制度，並且適當授權的問題。規章制度健全，每個人的職責才能清楚，適當的授權，才能使自己從繁雜的日常事務中解脫出來。

3.不應以壓力作為工作次序的標準

以壓力決定優先次序，管理者必定不能夠進行開拓、不願考慮長遠。因為開

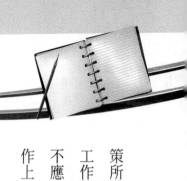

拓性工作大多不是為了解決過去遺留下來的困擾，而是為了更好的未來，壓力本身卻往往來自於眼前的困難。以壓力決定事情先後將導致重視緊急事項，而不重視開拓的前瞻性工作。

三、不斷規範工作，有計畫的工作

查理斯．史旺在半世紀前擔任伯利恆鋼鐵公司總裁期間，曾經向管理顧問李愛菲提出一個不尋常的挑戰：「請告訴管理者如何能在辦公時間內做妥更多的事，我將支付給你任何的顧問費。」

李愛菲於是遞了一張紙給他，並向他說：「寫下你明天必須做的最重要的各項工作，並按重要性的次序加以編排。明早當你走進辦公室後，先從最重要的那一項工作做起，直到完成該項工作為止。重新檢查你的清單次序，然後著手進行第二項重要的工作。倘若任何一項著手進行的工作花掉你整天的時間，也不用擔心。只要手中的工作是最重要的，則堅持做下去。假如按照這種方法你無法完成全部的重要工作，那麼即使運用其他任何方法，你也同樣無法完成它們，而且若不藉助於排定優先次序，你甚至連哪一件工作最為重要都不清楚。將上述一切變成你每一個工作日裡的習慣。當這個建議對你生效時，把它提供給你的部屬採用。這個建議的試驗時間長短由你來定。試驗後，請將你認為這個建議所值的金額，用支票寄給我的管理公司。」

數星期後，史旺寄了一張面額兩萬五千美元的支票給李愛菲，並感謝他為自己上了十分珍貴的一課。史旺的朋友事後問及，何以他為那麼簡單的觀念付出了那麼大的酬勞。史旺的答覆是：「那觀念基本上不是簡單的！」他說，經過李愛菲的指點後，他與他的部屬才開始養成「先做重要事」的習慣。伯利恆鋼鐵公司後來之所以躍升為世界最大的獨立鋼鐵製造業，據說可能是因為李愛菲的那帖藥方。

以上這件軼事給日理萬機的管理者帶來的啟示便是：應重視計畫的擬定，以避免徒勞無功。所謂計畫，即指未來的行動綱領。計畫的擬定大致上包括下列六個步驟：

・確立目標。

• 探尋完成目標的各種途徑。
• 選定最佳的途徑。
• 將最佳的途徑轉化為每週或每日的工作事項。
• 編排每週或每日的工作次序並加以執行。
• 定期檢視目標的必要性，以及完成目標最佳途徑的可行性。

上述六個步驟所指出的不外乎：你要往哪裡去？以及你要怎麼去？這是實際採取行動之前的必要思考。倘若你不做這一番思考與盤算，你必將淪為一個隨波逐流、迷失自我的人。

四、合理地為工作排序

假如管理者仔細地自我反省，就不難發現，自己大概都依據下列各種準則決定事情的優先次序：

(1) 先做喜歡做的事，然後再做不喜歡做的事。
(2) 先做熟悉的事，然後再做不熟悉的事。

(3) 先做容易做的事，然後再做難做的事。
(4) 先做只需花費少量時間即可做好的事，然後再做需要花費大量時間才能做好的事。
(5) 先處理資料齊全的事，然後再處理資料不齊全的事。
(6) 先做已排定時間的事，然後再做未經排定時間的事。
(7) 先做經過籌畫的事，然後再做未經籌畫的事。
(8) 先做別人的事，然後再做自己的事。
(9) 先做緊迫的事，然後再做不緊迫要的事。
(10) 先做有趣的事，然後再做枯燥的事。
(11) 先做易於完成的整件事或易於告一段落的事，然後再做難以完成的整件事或難以告一段落的事。
(12) 先做自己所尊敬的人或與自己有密切利害關係的人所拜託的事，然後再做與自己沒有密切利害關係的人所拜託的事。
(13) 先做已發生的事，然後再做未發生的事。

以上各種準則，大致上都不符合有效時間管理的要求。管理既然是以目標的實現為導向，那麼試問在一系列以實現目標為依據的待辦事項之中，到底哪些事項應先著手處理？哪些事項應拖延處理，甚至不予處理？這個問題在前文中已由管理顧問做出了解答：應按事情的「重要程度」編排行事的優先次序。所謂「重要程度」，即指對實現目標的貢獻大小。對實現目標越有貢獻的事越是重要，越應獲得優先處理；對實現目標越無意義的事情，越不重要，它們愈應延後處理。

在上述十三種決定優先次序的準則中，對管理者最具支配力的應該是第九種——先做緊迫的事，再做不緊迫的事。換句話說，就是按事情的「緩急程度」決定行事的優先次序。下文將探討這一種最具支配力的準則，至於其他十二種準則，則留給你自己去思考。

固然事情的「緩急程度」是任何一位管理者所不容忽視的，但是在考慮事情的「緩急程度」之前，應先衡量它的「重要程度」。相信你對「按輕重緩急辦事」這句話早已熟悉。從時間管理的角度來看，這一句話可供每一位（生活和工作中的）管理者作為參考。但遺憾的是，大多數的管理者在編排行事的優先次序時，所考慮的是事情的「緩急」，而非事情的「輕重」，難怪他們經常把每日待處理的事區分為三個層次處理：

(1) 今天「必須」做的事（最為緊迫的事）。

(2) 今天「應該」做的事（較不緊迫的事）。

(3) 今天「可以」做的事（不緊迫的事）。

假如愈是緊迫的事，其重要性愈高，愈不緊迫的事，其重要性愈低，則依循以上的優先次序辦事並無不妥。可是在多數情況下，愈是重要的事偏偏愈不緊迫。例如，參加管理技能訓練、向上級提出改進營運方式的建議、培養接班人，甚至管理者個人的減肥、戒菸、身體檢查、補牙、立遺囑等計畫都是重要的，但卻不是緊迫的事。它們往往因不具緊迫性而被無限期地延遲辦理。至於許多緊迫的事，則往往不具重要性。例如不速之客的拜訪、外來的電話等皆是。按照事情「緩急程度」辦事的管理者，不但使重要事情的履行遙遙無期，而且使自己經常處於危機或緊急狀態之下。業務報告的編制就是一個典型的實例。

任何一位管理者都承認，業務報告的編制是極其緊急的事。但若距離提出業務報告的截止日期尚有兩個月時間，則一般管理者大概不會將它視為今天「應該」做的事，更不會將它視為今天「必須」做的事，而極有可能將它視為今天「可以」做的事。既然它是「今天可以做的事」，它也是「今天可以不做的事」，因此，它將不斷地被拖延下去。直到截止日期之前數天，這些管理者才如臨大敵般的處理「緊急事件」。結果不是遲交了業務報告，就是草率地應付了事。經過了一番掙扎之後，這些管理者可能信誓旦旦地下定決心，下一年度的業務報告將提早準備。但是除非他們能徹底改變按照「緩急程度」辦事的習慣，否則到了下一年度他們仍將重蹈覆轍。

在編列次序時，應先考慮事情的「輕重」，然後再考慮事情的「緩急」。根據這個原則，各級管理者值得考慮採取的辦事次序應該是：

(1) 重要且緊迫的事。
(2) 重要但不緊迫的事。
(3) 緊迫但不重要的事。
(4) 不緊迫也不重要的事。

第四節　八〇／二〇原理

在此我想認真詳細地談談八〇／二〇原理。

按照事情的「重要程度」編排行事優先次序的準則，是建立在「重要的少數與瑣碎的多數」原理的基礎上。這個原理是十九世紀末、二十世紀初的義大利經濟學家兼社會學家維弗烈度．柏瑞圖所提出。大意是：在任何特定群體中，重要的因數通常只占少數，而不重要的因數則占多數，因此只要能控制具有重要性的少數因數即能控制全局。這個原理經過多年的演化，已變成當今管理學界所熟知的「八〇／二〇原理」，即百分之八十的價值是來自百分之二十的因數，其餘的百分之二十價值則來自百分之八十的因數。舉例說明如下：

- 八〇％的銷售額是來自二〇％的顧客。
- 八〇％的銷售量是來自二〇％的生產量。
- 八〇％的病假是由二〇％的員工所佔用。

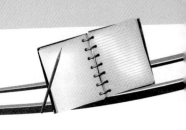

- 八〇%的檔案使用量集中於二〇%的檔案。
- 八〇%的垃圾是來自二〇%的地方。
- 八〇%的看電視時間都花在二〇%的節目。
- 八〇%閱讀的書籍都是來自書架上二〇%的書。
- 八〇%的看報時間都花在二〇%的版面。
- 八〇%的電話都是來自二〇%的發話人。
- 八〇%的外出吃飯都前往二〇%的餐館。
- 八〇%的討論都是出自二〇%的討論者。
- 八〇%的教師輔導時間都被二〇%的學生所佔用。

這樣的例子不勝枚舉，可見「八〇／二〇原理」在我們的生活、工作中無處不在，我們必須學會利用它。

「八〇／二〇原理」對管理者運用時間的一個重要啟示便是：避免將時間花在瑣碎的多數問題上，因為就算你花了八〇%的時間，也只能取得二〇%的成效；你應該將時間花於重要的少數問題上，因為掌握了這些重要的少數問題，你只花二〇%的時間，即可取得八〇%的成效。

對於一些經常出現的問題，我們應該分析問題產生的原因，找出徹底解決問題的辦法，並不斷給予規範，這樣管理者不會被迫常常解決這些問題，這是提高管理者工作效率的一項重要手段，也是減輕你的工作背包，使生活內容豐富而幸福感倍增的苦口良藥。

以上這些還不夠，你還需要對工作進行有效的計畫。為什麼很多人不做計畫，或者不會計畫呢？究其原因，不外是：

(1) 因過分強調「知難行易」，而認為沒有必要在行動之前多做思考。

(2) 不做計畫也能獲得實效。

(3) 不瞭解做計畫的好處。

(4) 計畫與事實之間極難趨於一致，故對計畫喪失信心。

(5) 不知如何做計畫。

就講求實效的管理者而言，這些原因根本不應該存在。現剖析如下：

(1) 有些事情固然是易行而難料的，但若過分地強調這一點，則有可能養成一

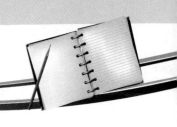

種「做了再說」或「船到橋頭自然直」的僥倖心理。在這種心理之下，「計畫」將不受重視。試問，房子正開始燃燒的緊要關頭，消防隊員是否應立刻拿起水龍頭或滅火器進行搶救？還是應先花費少許時間判別風向、尋找火源、分派工作，然後再予搶救？

(2)在某些情況下，雖然不做計畫確實能夠獲得實效，但是這種實效的獲得，完全是靠運氣，而非來自良好的管理。企業的經營絕對不能只靠運氣而不講求管理。

(3)不做計畫的人只是消極地應付工作，在心理上他將處於受擺佈的地位；做計畫的人則有意識地支配工作，在心理上他將居於支配者的地位。這顯然是做計畫的意義所在。做計畫的另一種好處是，計畫足以縮短工作的執行時間並提高工作的效率。美國一位教授曾經針對某公司兩個工作性質相近似的工作組，就其計畫時間、執行時間，以及所獲的成效進行比較。

結果發現：計畫時間較長的那一組，工作所需的執行時間較短，而計畫時間較短的那一組，工作所需的執行時間則較長；計畫時間較長的那一組，所花費的計畫時間與執行時間的總和，要少於計畫時間較短的那一組所花費的計畫與執行時間的總和；計畫時間較長的那一組，工作效率上要高於計畫時間較短的那一組。

許多管理者常常以「沒有時間」當成不做計畫的藉口。這種藉口是難以成立的，因為根據上述的道理可知，越不做計畫的人將越無時間，更何況花時間做計畫無異於「投資時間以節省時間」，這本來就是一種明智的舉措。

(4)由於客觀環境時時發生變動，所以計畫與事實常常難以趨於一致。但是在計畫執行過程中，管理者必須定期審察目標的實現進度與完成目標的最佳途徑。這樣，管理者將能針對目標本身及完成目標的最佳途徑做必要的修正，以期符合實際。如果在無計畫下行事，則一切行動將雜亂無章，雜亂無章的舉措不僅導致時間的浪費，而且遲早會把企業帶向失敗的死胡同。

(5)管理教育（包括學校教育及管理顧問機構所提供的訓練、管理學文獻）極為普遍的今天，「不懂如何做計畫」已不能成為不做計畫的藉口。

從上面的分析可知，計畫的擬定是任何管理者責無旁貸的任務，也是減輕他們工作背包卓有成效的法寶。

減輕你的工作背包後，你才能考慮自己生活中的諸多目標，因為人的工作生活是多元的。你必須在繁忙的工作中找到平衡，增加你的生活內容和幸福感。也就是考慮自己人生的保健。儘管多數管理者都瞭解，目標足以提供行動的積極嚮導，但卻只有少數管理者能真正瞭解目標對維護個人身心穩定所發揮的積極作用。早期登月太空人巴茲的遭遇是一個很實際的例子。他在成功登陸月球之後不久，即精神崩潰。許多觀察家對他的遭遇感到大惑不解，因為他在登月之前無論是家庭或事業一直都是春風得意。後來，他在所撰寫的一本書中，解答了觀察家對他的疑問。他說導致他精神崩潰的原因很簡單：他忘了登月之後自己仍然要生活下去，換句話說，除了登月之外他沒有任何其他可供追求的目標，因此一回到地球，他便生活在真空狀態之下，以致精神崩潰。

在美國，許多調查統計顯示，企業界的高層主管在經歷多年艱辛奮鬥並取得了高度成就之後，多半在六十五歲那一年正式退休。他們在退休之後大概只能活十八個月便逝世。死因研究指出，這些高層主管與太空人巴茲有一個極為相似之處：他們一抵達事業的終點，將因突然喪失了方向，而在無意識中認為生命不再值得留戀。

人生是一個個目標組合而成的，有很多人的工作可能並不是那樣的繁雜忙碌，但是他在工作之餘仍然覺得很累，這是為什麼呢？原因其實很簡單，當你工作之餘感覺還有很多目標（當然這不是遙不可及的目標），你會很踏實自在。你心情是穩定的，你不會悵然所失，更不會為彌補這種悵然所失的感覺而疲於尋找答案，況且很多時候這個答案是找不到的，那樣你會覺得更累！目標對於你的生活是不可或缺的。

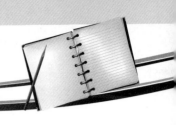

第五節　確立適當的人生目標

目標的確立既然那麼重要，管理者應如何確立良好的目標呢？下面是六項值得參考的原則：

1. 目標必須是你自己的

假定目標是由你自己所制定的，則你本身將成為實現目標的原動力；倘若目標是由他人所制定的，則你應對這些目標進行個人的思考與判斷，儘量地讓它們成為你的一部分。就任何一種目標而言，當你所參與的成分愈高，則你對它的實現所賦予的承諾將愈大。之後你也會在該目標的實現中獲得更大的愉悅！

2. 目標必須切合實際

所謂「切合實際」，即指具有完成的可能。但是，「目標必須切合實際」這句話並不意味目標應是低下的或是容易完成的。事實上，不能夠輕易完成的目標對追求者才具有真正的挑戰性。也就是說，目標本身必須具有相當的難度，以及具有被完成的可能性。在你訂定目標的時候，必須使它們成為你所願意追求的與你所能夠追求的對象。一般說來，目標訂得愈高，其挑戰性將愈大。但是，當目標高到令你感覺無法完成的時候，你或許將永遠不會設法去完成它們。生活目標的適當性是你幸福感的泉源。適當的目標也是你減輕精神壓力的基本保證。

3. 目標必須用書面形式列明

許多人都認為沒有必要將目標寫出來。他們常說他們已將目標記在腦中，而且只要他們時常想起它，即使用文字寫下來也不會產生任何實質上的差別。其實，這是似是而非的論點。以書面方式寫下目標，將可能產生下面四種好處：

・有助於目標內容的清晰。

・正式地寫下目標，表示個人在決心上的一種投資。這種投資愈多，則投資者對實現目標的承諾將愈大。

・書面目標較不容易遺忘。

・當目標種類較多時，以書面寫下它們之後，比較容易協調它們之間的潛在矛盾，這同樣能降低你因相互衝突的目標而產生的壓力。

4. 目標必須具體而且可以衡量

含糊籠統的目標極難作為行動的指南。例如，某單位主管因感於該單位員工流動率過高，而立下決心予以改善。倘若他將目標定為「降低本單位的員工流動率」，則該目標肯定難以作為行動的指南，因為它沒有具體指出流動率應降低多少。但若該目標改為「在六個月內將員工流動率由六五％減至二五％」，則上述的缺點將不復存在。

5. 目標必須具有期限

任何一種目標都必須指明完成的期限。原因有二：第一、若不指明目標的完成期限，則人們很容易採取拖延的態度，而使目標的實現遙遙無期。第二、確定目標的完成期限，有助於擬定恰當的行動綱領。不過，在估計完成目標所需的期限時，管理者最好是依照「至少」需要的時間作衡量基礎，這樣才比較容易使管理者的估計切合實際。

6. 目標之間必須相互協調

同時追求多種目標時，管理者必須事先化解存在於各個目標之間的衝突或矛盾，以免讓管理者所獲得的各種成果因相互抵銷而徒勞無功。

正如上面第5項原則所指出的，在確立某一目標時，管理者必須衡量實現該目標所需的總時間；其次，將這個總時間區分為若干細小的單位，以便使管理者在每一單位時間內只須照顧好目標的一小部分。

例如，一個為期五年才能實現的長遠目標，可以區分為五個「年度目標」，而每一個「年度目標」又可區分為四個「季目標」，每一個「季目標」又可區分為三個「月目標」，「月目標」又可區分為「週目標」，以及「日目標」。以上所說的，即是一般所謂的「目標金字塔」。

在上述年、季、月、週、日六個層次的目標之中，最容易把握的是「週目標」與「日目標」。管理者必須依據週目標及日目標分別編制「每週工作計畫表」及「每日工作計畫表」。

「每日工作計畫表」原則上應該在每日開始工作前編好，最好是在前一工作日接近終了時編好。理由有三：

第一、在編制次日的工作計畫前，管理者可以順便簡要地檢視一下當天的工作情況。如，今天哪些事做對了？哪些事做錯了？事情是否在自己掌握下進行？如何使明天的工作做得更好？這一番檢視將有助於編排次日的工作。

第二、事先編好工作計畫可使自己在心理上處於安穩的狀態。假如該工作計畫是在前一天編排妥當的，則可利用上班途中對其適時做進一步的斟酌。這樣，當自己一走進辦公地點，即能胸有成竹地著手工作。

第三、事先編好的「每日工作計畫表」可以作為權衡偶發事件的依據。例如，工作途中突然發生某一事件，這個時候管理者應該先考慮該突發事件是否比自己預先擬定的工作更重要。倘若答案是肯定，那麼管理者應毫不猶豫地去處理這一宗突發事件。倘若答案是否定的，則管理者可設法拒絕或延遲處理。

「每週工作計畫表」及「每日工作計畫表」中可設一欄填寫履行各項工作的優先次序。該優先次序的編排，對管理者能否有效地實現目標具有決定性作用。

相信你深悟了以上道理，你的工作背包一定會輕鬆許多，你的人生會因此充滿著快樂和幸福，讓我們從今天開始學會工作，從今天開始掌控生活……

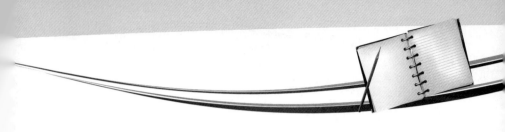

第三章 關係背包

人生幾十年，長路漫漫何其遠，理應帶著一個貼身的包裹。而關係背包在你的人生行囊中應占多大的空間？怎樣經營你的關係背包？你的關係背包中應放置哪些東西？這是你必須深悟的道理。

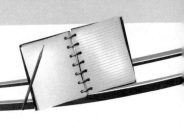

第一節　我想跟誰一起去旅行？

很多人都忽略了關係背包的重要性，他們時常感覺到一種不可名狀的孤獨和寂寞，儘管他每天來往於熱鬧的人海中，這就是關係背包出了差錯。

人生是由多元的因素構成，就像一個人的生命健康需要各種元素的綜合平衡，舉個例子，我多年來一直受一種「疾病」困擾。記得我即將踏入大學的那個夏天，某個早晨，像往常一樣醒來的時候，我的身體怎麼也動彈不了。一開始還以為是自己的感覺出了毛病，但是當我喊廚房的母親時，母親的回答讓我知道這不是夢，於是我使勁的掙扎，結果從床上跌落了下去，母親尖叫著跑過來，把我扶起，我頓時感覺到了母親的愛，還有母親的擔心和不安。母親嘗試著扶我站起來，但總是失敗，家人都嚇壞了，剛拿到大學錄取通知書的我為什麼這麼倒楣，這是什麼病，能治好嗎？我全身癱瘓了，不能按照自己的意志去支配屬於自己的肢體，我迷茫了，心裡在哭泣，想到自己那些活動自如的同學，他們是多麼的快樂。我和母親一刻也沒有闔上眼睛，醫生幫我抽血化驗，我感覺到了疼痛，但身體是沈默的，我絲毫不能抗拒疼痛。

第二天，奇蹟出現了，化驗結果我得了「低血鉀症」，輸入一些氯化鉀就可以解決了。果然，當天下午我開始像往常一樣自由地行走……一瓶小小的氯化鉀就能讓我重新站起來，你能相信嗎？但是，這是事實。你的健康是由多種因素綜合平衡作用的結果，一個也不能少。人生同樣是這樣，它是由諸多因素構成的複合體！你想快樂你的人生路嗎？你想讓自己在人生之路上頑強的行走而不摔倒嗎？除了要學會經營工作背包，現在讓我們來管理你的關係背包。

如何經營關係背包？首先，還是讓我先問你一個問題吧！如果給你兩張可以無限期旅行的機票，你最想跟誰一起去旅行？你現在關心這個人嗎？我相信很多的讀者會回答說，當然是我的情人，我願意和她一起做無限期的長途旅行，直到我們的人生終結，好好的品味兩人世界的幸福和快樂。

那麼，請你回答我的第二個問題：你現在關心這個人嗎？或者說你關心你的情人嗎？如果你關心的話，你是怎樣做的呢？如果說你的答案是否定的，或者不是那樣的肯定，那又是為什麼？你的時間和精力都放在什麼地方？很多讀者一定回答說，我有好多工作要做，我有很多的應酬需要我出席，我沒有那麼多的時間和精力，我連休息的時間都沒有！告訴你，這些都不是理由，時間對大家都是公平的，別人的時間沒有比你多一秒鐘，為何別人能夠做到，當然這些人是少數，但是，少數不等於沒有！

如何使你從工作中解脫並挪出屬於自己的時間，上一章節的工作背包中已經闡釋過。而在解決工作背包的問題後，你該如何經營和整理你的關係背包呢？每個人的關係背包裡應該存放的東西大致有：婚姻家庭關係、朋友的友誼關係、同事的來往和配合關係等等。下面就讓我們一一展開論述。

第二節 論夫妻關係

在關係背包中比重最大、分量最重的當數夫妻關係，夫妻關係的好壞直接影響和制約著一個人的生活品質和事業的成敗。美滿和諧的婚姻生活是人生成功的一半，強調婚姻自由的今天，包辦婚姻、買賣婚姻的歷史將一去不復還，但是為什麼，如今的離婚率如此之高，創下了歷史記錄，而且這一趨勢還在不斷攀升？為什麼雙方自由選擇的結果到後來卻被兩個人同時否定？有一點可以肯定的是，隨著社會的發展，生活節奏的加快，人們疲於應付來自社會的各種壓力和挑戰，很多人無暇顧及自己的婚姻家庭，夫妻關係破裂的癥結就在這裡。

本節將用大量篇幅來談談夫妻之間相處的藝術，你必須靈活而熟練地掌握這門藝術。下面我分幾方面來闡釋夫妻之間相處的注意事項和技巧。

1.對婚姻最具殺傷力的並非憤怒

許多婚姻諮詢師都旨在化解夫妻間的相互怨怒，但在婚姻中最具破壞力的並非憤怒，而是指責、傲慢、自我防衛和封閉。為了防止這些情緒的產生，伴侶應該知曉對方想要什麼、害怕什麼，然後在處理矛盾時排除後者，取得共識。想做到這一點，需要你的時間和精力，你要知道你的家在這裡，它是你溫馨而寧靜的避風港灣，你累了可以在這裡休養，餓了可以在這裡及時補充能量。但是，這個優美寧謐的港灣不是天然的，它需要你的用心營造，應該說是「你們」，凡是在這一港灣停靠的每個人都需要付出自己的努力，有了這一群體的力量，港灣才能風平浪靜。

2.互相尊重有利於配偶關係

不平衡的家庭結構也會對配偶關係產生致命的損害，你要學會平衡自己家庭的結構。由於歷史遺留的男尊女卑社會習俗，妻子比較容易受到丈夫的影響，因此丈夫更應該體察妻子的需求。比如說丈夫在看球賽，而妻子有話要說時，丈夫最好能夠關掉電視機，將注意力轉到妻子身上。在夫妻關係中占主導地位的一方，尤其應該時刻想到「我們」，而不僅僅是「我」。

3.主動化解矛盾

配偶間爭吵是家常便飯，問題在於不要在矛盾中越陷越深。爭吵後，雙方應該主動尋求修補，以防怨恨的產生，因為怨恨往往是伴侶關係產生裂痕的開始。在爭吵中，一方如果能以幽默化解緊張的氣氛則再好不過。比如說，有一對夫婦為了買哪一類型的車而爭執不下，這時妻子模仿他們四歲兒子的樣子，將手叉在腰間，伸出了舌頭，丈夫一下子被逗笑了，緊張氣氛頓時煙消雲散。不妨在你的夫妻生活中添加點幽默的成分，這一潤滑劑能很有效的緩衝夫妻關係。

4.學會欣賞對方

伴侶雙方個性和生活習慣的不同常常是造成矛盾的主要原因，一味著眼於這些矛盾會影響雙方的健康關係。伴侶雙方應該學會欣賞對方的長處，用這種欣賞的愉快來抵消矛盾帶來的不快。有一對夫婦起初為了保持房間整潔而爭吵不休，妻子要求一塵不染，而丈夫則到處亂放東西，後來他們不再為此爭吵，因為他們意識到互相關愛比報紙放在哪裡更重要。

5.別在家裡認真

清官難斷家務事，在家裡更不要認真，否則你就愚不可及。處理家庭瑣事要大事化小，小事化無，當個笑口常開的和事佬。比如做丈夫的要寬厚，在錢物方面睜一隻眼，閉一隻眼，越馬馬虎虎越得人心，妻子向著娘家，是人之常情，你根本就無需計較。妻子對丈夫的懶惰等種種難以容忍的毛病，也應採取寬容的態度，切忌嘮嘮叨叨沒完沒了，嫌東嫌西，也不要丈夫偶爾回來晚了或有女士來電話，就給他臉色看。只要妳是個有自信、有魅力的女人，丈夫再花心也不會與妳恩斷情絕。就怕妳對丈夫太「認真」了，讓他感到戴著枷鎖過日子，進而對妳產生厭倦，那才真正會發生危機。家裡是避風的港灣，應該是溫馨和諧的，千萬別把它演變成充滿火藥味的戰場，關鍵看你怎麼去把握了。

6.電視是婚姻殺手

你的婚姻生活是否已由電視節目取代？請回答以下四個問題，即可知曉。

・生活是否成了你、你的配偶和電視節目主持人的「三人行」？

•你是否常說一些類似於這樣的話：「哎呀！寶貝，你能不能自己處理？我正在看電視。」

•當你聽到鐘錶秒針的聲響時，是否聯想到某一固定時間的電視節目？

•當一位朋友問你近來過得怎樣時，你是否脫口說出電視節目情節中某一人物的命運？

如果你對上述問題的回答大部分是肯定的，電視就可能已經威脅到你的夫妻生活。那你可要認真反省一下啦！千萬別因為觀看電視節目影響到夫妻感情！

7.記住重要日子

儘管有婚姻專家一再忠告，粗心的丈夫還是會忘記妻子的生日、他們的婚姻紀念日。其實妻子的心理並無太多奧秘，不過是為印證丈夫對自己的掛心和惦念。

男人可能覺得愛妻子就應該為這個家做些實際的貢獻，比如多賺些錢，而那些所謂的重要日子，也是日子，不代表什麼。女人卻認為正是這些點點滴滴構成了愛的見證，她喜歡這樣的幸福。女人易於感動，因為她們比男人更加善解人意，能和妻子共同分享生日快樂的丈夫正是妻子求之不得的禮物。幾乎所有的女人在做主婦的同時還要面對世界的艱難，想想女人的雙重辛苦，男人難道不該多給女人一點體貼和安慰嗎？快向她傳達你的愛意吧！

8.婚姻的四個危險期，你必須設法度過難關

社會學者的研究發現，雖然離異的可能性貫穿於婚姻的全程，但有四個時期危險性最大。你必須設法通過這四個時期。

第一個危險期

孩子出生時。夫妻兩人的壓力驟然加大，原來的嬉戲和娛樂大大減少，性生活品質下降。孩子的到來所產生的「三角」關係，改變了原來「兩人世界」的平衡，夫妻對婚姻同時感到緊張、困惑、茫然。

第二個危險期

婚後四至五年。這時期夫妻容易覺得生活平淡乏味。丈夫工作了多年，卻不見什麼光明前途，更加不屑於做家務；妻子既要工作又要照顧孩子，忙得不可開交，夫妻都沒有閒情卿卿我我，這時候他們有可能另覓知音。有位社會學家調查了七十位與有婦之夫有染的女性，發現這些婚外情多半始於單純的友誼。當丈夫或妻子把本應說給對方聽的知心話向別人傾訴時，夫妻雙方都難辭其咎。節外生枝的故事就這樣得以發生。

第三個危險期

婚後七年左右。社會學家的調查發現，夫妻在婚後第六至十年之間，對婚姻的滿足程度降至最低點。而實際上，離婚發生率也在婚後第七至十年形成高峰。這時候，夫妻雙方應以最大的耐力、最多的關懷來幫助對方，以保持婚姻的品質。

第四個危險期

婚後二十年左右。這時候，男女雙方身體狀況逐漸發生變化。妻子進入更年期往往煩躁不安，擔心自己魅力全失；丈夫則為日漸衰老而憂心忡忡——精力不再那麼的充沛、才思不再敏捷、打籃球打不過兒子、升職全然無望。此時他正需要理解和安慰，而妻子也恰恰有同樣需求。如果夫妻不能彼此給予，那他（她）就可能到其他異性那裡去尋覓。

9.夫妻應極力營造雙方的互補

夫妻結合首先在於一種互補，這種互補體現在專業或性格上，而且唯有具備了這種互補功能的情人才能成為一生的伴侶。再者，如果你願意把一個人當成一生的伴侶，那麼首先想到的不是索取，而是奉獻。她就是那個在寒冬中想起來都感到溫暖的人。她可以在你快樂時使你快樂加倍，更可以在你憂愁的時候偷偷地分擔你的憂愁。愛情的色彩可以是熱烈的紅、高貴的紫、快樂的藍，也可以是和緩的橙、淡淡的黃、純潔的白。你不必強求你與她的完全相融，只要一份和諧。兩人相處，有時就像春風拂面，清新而愉快；有時則如巨雷破石，大有相見恨晚的感覺；有時又像淘沙見金，苦難後感歎那份珍貴，但無論怎樣，那份喜悅是如此真實，因為心裡已經許下了諾言「只想一生跟你走」。

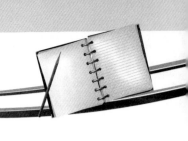

只要心中有真情，那便是好伴侶，伴侶間並不總是平平順順的，這就像世上不可能存在完美一樣，伴侶間也有誤解與爭吵。請記住，你我都只是平凡人，難免總會犯錯，哪怕面對情人，我們有時也會讓對方傷心。情人的傷心，就如美玉生瑕，是一件讓人婉惜的事，它需要你用耐心與寬容慢慢地細心彌補。人與人之間，相識相知不容易，不要因為一時的衝動與固執，而失去你終生的伴侶。

夫妻關係是你關係背包中最大的蛋糕和財富，它是你遠行時的依戀，更是你生活中獲得動力的泉源。

10. 夫妻之間需要相互寬容

著名科學家愛因斯坦的兩次婚姻為我們提供了很好的借鑒。愛因斯坦第一任妻子米列娃因不能容忍丈夫極少的關心與體貼，而只是一味地與原子、分子、空間、時間為伴，便時常與其發生摩擦。兩人的個性都很倔強，終於分手了。而第二個妻子艾麗莎卻是一個體貼入微、懂得尊敬與忍讓的人，她深知愛因斯坦的脾氣，從不干預丈夫的工作，讓他安心地完成事業。愛因斯坦受到感動，也在百忙之中抽出時間陪妻子度過美好時光，他在記者會上曾說過：「艾麗莎不懂相對論，但相對論卻有她的一份心血。」

從上面的故事中我們發現，任何一種真誠而博大的愛都會在現實中得到應有的回報。寬容善待自己的情人，最終善待的當然也包括了自己，這是一個雙贏的行為。

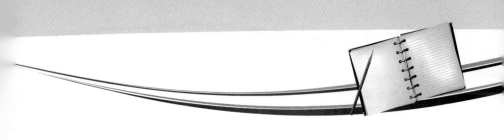

第三節 論友誼

人是有感情需要的，不是孤立生活在地球之上。人一生需要結識許多朋友，所謂「同師曰朋，同志曰友」，朋友的種類很多，有「道義相砥、過失相規」的「畏友」，有「緩急可共、生死可託」的「密友」，也有「甘言如飴、遊戲征逐」的「昵友」，還有「利則相攘、患則相窮」的「賊友」。慎重選擇朋友是第一要義，真誠相待則是第一內容。

學會經營你的友誼，友誼之樹才能長青

首先讓我們來談談「饑餓效應」與「陌生化代價」。

在人際關係問題上不要太把持浪漫主義。人是很有趣的，往往在接觸一個人時首先看到的都是他的優點，這一點頗像是在餐館裡用餐的經驗，開始吃頭盤或冷盤的時候，印象很好，吃前兩個主菜時，也是讚不絕口，愈吃愈趨於冷靜，吃完了這頓筵席，缺點就都找出來了，於是轉喜為怨，轉讚美為責備，轉首肯為

搖頭。這是因為，第一，開始吃的時候你正處於饑餓狀態，正所謂餓了吃糠甜如蜜，飽了吃蜜也不甜。第二，你初到一個餐館，開始舉箸時有新鮮感，新蓋的茅房三天香，這也可以叫做「陌生化效應」吧！人際關係的建構過程也是有這種饑餓效應或陌生化效應的。

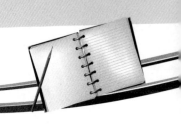

交了新朋友，彼此有意無意地都要表現出自己最好一面，而克制自己不良的一面，後者例如粗魯、急躁、斤斤計較……而一個新朋友就像一個新景點、一家新餐館，乃至一件新衣服、一個新政權一樣，都會給你的生活帶來某種新鮮的體驗、新鮮的氣息，滿足人們對於新事物、新變化的饑渴。結交久了，好的與不好的方面都顯現出來了。當新鮮感逐漸淡下來以後，人們將必須面對現實，面對新事物也會褪色、也會變舊的事實，面對求新逐變需要付出的種種代價。

浪漫的人際關係準則，在小說或者詩歌裡可能是很感人，至少是很有趣的，比如發現某人庸俗時立即與之割席絕交、初見一個人聽完一席話便立即拔刀相助或叩頭行禮……但在實際生活中，這種極端化與絕對化的做法就給人一種不明事理、交淺言深的感覺，這也正如魯迅所說，你演戲的時候可以是關雲長或林黛玉，從臺上下來以後，你必須卸掉妝變回常人，否則如果不是精神病的話就是矯情欺世了。

瞭解了這一點，我們再碰到新認識的某人先是印象奇佳，後來不過如此，再往後原來如此，我們對這樣的過程也許應該增加一些承受力。

與其對旁人要求太高、寄予太大的希望，不如要求自己與期待自己；與其動輒對旁人失望，不如自責。我們都是凡人，不必把自己抬得過高，也不必發現什麼問題就傷心過度。

友誼不等於順從

我們在成長的過程中，時常在意別人對自己的看法，害怕朋友不接納自己，被別人孤立起來，所以很多時候都刻意迎合朋友的習慣和需要，從中得到認同。由於上述心理影響，我們常常違心地聽從別人不正確的言行，帶來難堪的後果。

故此，我們對待友誼要持嚴肅的態度，克服盲目。同伴不合理的要求、不能幫我們共同成長者，它就不是真正的友誼，我們不僅要說「不」，還要勇於說

「不」！

友誼能增進人的智慧

英國著名作家蕭伯納，曾做過這麼一段比喻：「如果你有一個蘋果，我有一個蘋果，彼此交換，那麼，每個人只有一個蘋果；如果你有一個思想，我有一個思想，彼此交換，那麼，我們每個人就有了兩種思想，甚至多於兩種思想。」

友誼不但能使人走出暴風驟雨的感情世界，進入和風細雨的春天，而且能使人擺脫黑暗混亂的胡思亂想，走入光明與理性的思考。這不僅是因為朋友能給你提出忠告，而且任何平心靜氣的討論都能把紛擾著你心頭的一團亂麻，整理得井然有序。

當人用言語表達一種設想的時候，他也就漸漸看到了它們可能帶來的後果，從而進行理性的分析。有人曾對波斯王說：「思想是捲著的繡毯，而語言則是張開的繡毯。」所以有時與朋友做一小時的促膝交談，可以比一整天的沉思默想更能令人茅塞頓開。

赫拉克利特曾說過：「初射之光最亮。」但實際上，一個人自身所發出的理智之光，往往受到感情、習慣、偏見的影響而不那麼明亮。俗話說，「人總是樂於把最大的奉承留給自己」，而友人的忠言逆耳恰好可以治療這個毛病。朋友之間可以從兩個方面提出忠告，一是關於品行，一是關於事業。

就前者而言，朋友的良言勸誡是一帖最好的藥。許多人由於在緊要關頭聽不到朋友的忠告，而做出後悔莫及的錯事。人儘管也可以自己規戒自己，但畢竟如聖雅各所說：「雖然照過鏡子，可終究是忘了原形。」

就事業而言，有些人認為兩雙眼睛所看到的未必比一雙眼見到的更多，所以有沒有別人的幫助結果都一樣。但這些話其實是十分驕傲而愚蠢的說法。

在聽取意見的時候，有人喜歡一會兒問問這個人，一會兒又問問那個人。這當然比不問任何人好。但也要注意，這種零敲碎打來的意見可能是一些不負責任的看法。因為最好的忠告只能來自誠實而公正的友人。另外，這些不同根源的意見還可能會互相矛盾，使你莫衷一是。比如你有病求醫，這位醫生雖會治這種病卻不瞭解你的身體情況，服了他的藥，這種病雖然好了，卻又使你得了另一種新病。所以最可靠的忠告，還是來自最瞭解你事業情況的友人。

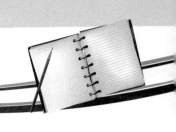

的確，友誼會給我們帶來許多，我們的工作需要朋友，他是我們有效工作的保證，我們的生活需要朋友，當你悲傷時朋友給你慰藉，當你成功時朋友給你讚許和肯定……

每個人都需要傾吐

現實中的你難免會有鬱悶和受挫，當你遭遇挫折而感到憤怒抑鬱的時候，向知心摯友的一席傾訴可以使你得到疏導，否則這種積鬱會使人致病的。除了知心摯友以外，沒有任何一種藥物是可以疏通心靈鬱悶的。只有對於朋友，你才可以盡情傾訴你的憂愁與歡樂、恐懼與希望、猜疑與勸慰。總之，那沉重壓在你心頭的一切，透過友誼的肩頭而被分擔了。

正因為如此，連許多高高在上的君王也不能沒有友誼，以致許多人竟寧願降低自己的身分去追求它。本來君王是不能享受友誼的，因為友誼的基本條件是平等（正如前文所說，友誼不等於順從），而君王與臣民的地位太懸殊了。於是許多君王便不得不把他所寵愛的人提升為「寵臣」或「近侍」，以便與他們親近。羅馬人稱這種人為「君王的分憂者」，這種稱呼恰如其分地道出了他們的作用。實際上，不僅那些性格脆弱、敏感的君王這樣做，就連許多性格堅毅、智勇過人的君王，也不能不在他的群臣中選擇朋友。而為了構成這種關係，他們需要儘量地忘記自己原來的高貴身分。

羅馬的大獨裁者蘇拉曾與龐培結交，有一次竟容忍了龐培言語上的冒犯。龐培曾當面誇耀自己說：「崇拜朝陽的人自然多於崇拜落日的人。」偉大的凱撒大帝也曾經與布魯圖斯結為密友，並把他立為繼承人之一，結果這個人恰好成為誘使凱撒墮入圈套而被謀殺的人。難怪安東尼後來把布魯圖斯稱為「惡魔」，彷彿他誘惑凱撒的魅力是來自一種妖術似的。

畢達哥拉斯曾說過一句隱晦的格言：「不要損傷自己的心。」確實，如果一個人有心事卻無法向朋友訴說，那麼他必然會成為損傷自己的人。實際上，友誼的一大奇特作用是：如果你把快樂告訴一個朋友，你將得到兩倍快樂；如果你把憂愁向一個朋友傾吐，你將被分掉一半憂愁。所以友誼對於人生，就像煉金術士所要尋找的那種「點金石」，它能使黃金加倍，又能使黑鐵成金。實際上，這也是一種很自然的規律。在自然界中，物質透過結合可以得到強化。而人與人難道不也是如此嗎？這是一個值得深悟的道理。

我的一個朋友，現在任職於一家很大的公司，事業步步高升，並組建了美滿的家庭。多年的生活確實讓他改變了不少，我們是離別六年後見面的，我自認為我們是朋友，對於他還是很瞭解，但是當我再見到他的時候，我發現我錯了，他變了許多，幾乎讓我認不出來。對於他我不想給予太多的筆墨，總而言之，在他的眼裡生活是由利益構成的，朋友亦是，朋友的交往純粹是利益的交換，他於是逃避友誼，整天獨自在家欣賞音樂，與人的適當交往被他認為是浪費時間的無聊遊戲。但是，「離俗」的他卻時常打電話給我……我不想深究他這一變化的內在原因是對是錯，但可以肯定，即使朋友的交往在某些層面上是利益的交往，因為人們都無法迴避利益，但是你對朋友所付出的一定會被朋友以更多的方式償還，有時償還的比你付出的還要多。

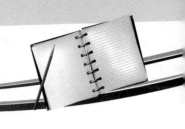

交友的藝術

交友的藝術是很複雜的，而且是隨著時代的變遷而不斷變化的，你應當善於發現交友的藝術，並且努力的讓自己做到，那樣你就會有更多的快樂和幸福。

古人曾說：「喜歡孤獨的人不是野獸便是神靈。」沒有比這句話更能把真理與謬誤混合於一起的了。如果一個人脫離了社會，情願遁入山林與野獸為侶，那麼他是絕不可能成為神靈的。儘管有人這樣做的目的，好像是要到社會之外去尋求一種更高尚的生活，就像古代的隱士那樣。

話說回來，有些人之所以寧願孤獨，是因為其在沒有友誼和仁愛的人群中生活，那種苦悶正猶如一句古代拉丁諺語所說的：「一座城市如同一片曠野。」人們的面目淡如一張圖案，人們的言語則不過是噪音，使得這些人寧可逃避也不願進入現實生活。

人可大致分為三種人：

1.膽小怕事，畏首畏尾，在眾人面前坐立不安。

2.愛出風頭，誇誇其談，喜歡抬高自己，貶低別人。

3.謙虛謹慎，不卑不亢，尊重別人，與別人相互理解。

第一種人很難成大事，第二種人很難得到幸福，而第三種人則常常有成功與幸福陪伴。

身為社會的一部分，總是要和周圍的很多人接觸，這些人會對你產生各式各樣的影響，這就是所謂的近朱者赤，近墨者黑。

年輕人都希望自己能成才、成就一番大事業，被別人羨慕，但是，光靠自己是絕對無法達到目標的，比如說，學生如果沒有老師教，也許他就什麼都不會；一個計程車司機，沒有人坐他的車，他就賺不到錢。這是很簡單的道理。與人交往應當擇人交往，而不是像吃飯、睡覺那樣隨便，如果你忽視了這個重要性，你就會走向失敗。

交友，首先要讓他喜歡你，如果你和他說話時他都愛理不理的，這種朋友不要也罷。怎樣才能讓別人喜歡你，對你感興趣呢？要注意自己的言行，特別是和人說話的時候，最禮貌的方式是看著對方的眼睛，這樣往往能產生一種神奇的效果，就是所謂的「交心」。實際上，交友就是交心。你喜歡別人低著頭和你說話嗎？不喜歡。別人也不喜歡你這樣。

其次，你要記住別人的名字。

不知道你是否遇見過這種情況。兩個人在街上走著，對視了半天，突然冒出一句：「你叫什麼名字？」這是很令人厭惡的。除非你的記性相當不好，或者你認識的人實在太多了，已經超出大腦的最大容量。當然，後者是不可能的。能夠記住別人的名字並且很快的叫出來，是件令人很高興的事。

學會耐心傾聽

真正的朋友之間往往有說不完的話，所以你要有相當的耐心去聽完朋友的話，這樣朋友就會對你有相當的好感，以後他有什麼話都會對你說，兩個人在一起侃侃而談，是一件很愜意的事。多聽聽別人的話可以增長自己的見識，也可以糾正自己的錯誤。說話時一定要注視著對方的眼睛。在他說話的時候，你應該認真的聽，不要邊做事邊聽，那樣會使他感到自己在你眼裡一點都不重要，甚至會產生自卑感。應該談一些對方感興趣的事情，如果你想與一個人交朋友，那麼你們最好有同樣的興趣和追求，這樣就更方便說話了。還有一點很重要，絕不要打斷別人的話，這是最令人厭惡的，而且在你表示自己的態度時，不要偏離話題，這樣你就會有一大堆喜歡你的朋友。

要學會幫助別人

人總會遇到困難。在最困難的時候有朋友伸出援助之手，這無疑就是雪中送炭，溫暖人心啊！喜歡幫助別人的人往往受到尊敬。在我們的生活中，免不了有求於別人的時候，朋友過生日、結婚，送上一份禮物，或者寄去一份禮金；朋友生病住院，到醫院去陪陪、安慰等等。不要總想著收穫，要學會付出，誠心誠意的幫助別人，在你有困難的時候就不愁沒人幫忙了。

要注意你的儀表和風度

學會給別人一個好的印象，別人就會喜歡你。反之，你給別人的第一印象就十分不好，那想和人交朋友就難上加難了。人總是喜歡美好的事物，同樣，漂亮、英俊的人更受人歡迎，如果你不漂亮、不英俊，那你就更應該注意你的儀表，穿著不一定要高貴，但是一定要整潔，還要有風度。你要學會微笑，這也是為人處事的禮儀之一。人總是喜歡微笑的臉，誰也不會喜歡哭喪的臉，朋友之間遇到一些不愉快的事就把臉拉得特別長，這是不智的作風，是不受人歡迎的。

要學會主動承認錯誤

朋友之間免不了爭吵，愚蠢的人才會為自己的錯誤找藉口，強詞奪理。你應該學會主動承認錯誤，為了自己的面子而失去一個好朋友，那可就太遺憾了。不要做無謂的爭論，如某某人長得漂不漂亮、這個東西好不好吃等等，這些是無聊的話題，前者是審美學家的工作，而後者是美食家的事情，與我們無關，而且各自持不同的立場，往往兩敗俱傷，誰也不肯讓步，這也是交友忌諱的。爭論是容許的，但是要有分寸、有意義。

要注意說話的藝術

有些話不能直說的，就婉轉的說。多用用假如、你看這樣如何、我是這樣想的之類的字眼，千萬不要直來直往，那樣會傷了朋友的自尊。比如同學問你一道剛剛講過的題目，是「白癡，剛講過的題目都不會，真是笨死了！」還是「這道題你可能沒記清楚，前幾天剛剛講過的，你的筆記本上應該有，去找找看。」比較好呢？當然是後者好。

要學會寬容

智者和朋友結伴外出旅行。行經一個山谷時，智者一不留神滑倒了，他的朋友拼盡全力拉住他，不讓他葬身谷底。智者得救後，執意要在石頭上鐫刻下這件事情。他的朋友問：「真的有必要這樣做嗎？」智者說：「當然。」於是，他在石頭上刻下了：某年某月某日，經過某山谷時，朋友某某救我一命。刻完後，他們繼續旅程。有一天，在海邊，兩個人因為一件事情爭吵起來，朋友一怒之下，給了智者一耳光。智者捂著發燒的臉說：「我一定要記下這件事情！」他的朋友說：「隨你，我才不怕！」智者於是找來一根棍子，在退潮後的沙攤上寫下了：某年某月某日，在某某海灘上，朋友某某打了我一耳光。朋友看過之後不解地問他：「你為什麼不刻在石頭上呢？」智者笑了，說：「我告訴石頭的都是我惟恐忘記的事情，我要讓石頭替我記住；而我告訴沙灘的都是我惟恐忘不了的事情，我要讓沙灘替我忘記。」與朋友交往一定要擁有一顆寬容之心。

聰明的人懂得善待別人，不會抓著對方的錯誤不放，他會用自己的方式走出沒有結果的故事。讓我們將不值得記住的事都交給沙灘吧！讓海水沖走那些不快，伴隨著新一輪朝日誕生的是你無憂的笑臉和無瑕的心。

要學會稱讚別人

在《孩子，我並不完美，我只是真實的我》這本書裡，著名的心理學家傑絲．雷爾評論說：「稱讚對溫暖人類的靈魂而言，就像陽光一樣，沒有它，我們就無法成長開花。但是我們大多數的人，只是善於躲避別人的冷言冷語，自己卻吝於把讚許的溫暖陽光給予別人。」

許多年前，一個十歲的男孩在一家工廠做工。他一直想當歌星，但他的老師卻洩他的氣。老師說：「你根本不能唱歌，因為你五音不全，簡直就像風在吹百葉窗一樣。」但是男孩的媽媽，一位窮苦的農婦用手摟著他並稱讚他說，她知道他能唱，她節省下每一分錢，好讓他去上音樂課。

這位母親的話，改變了這孩子的一生。他的名字叫恩瑞哥．卡羅素，他成了那個時代最偉大的歌劇演唱家。

第四節 滿足父母期待的目光

父母賦予我們生命，把我們帶到這個美好的世界上，人生的道路上一直有著他們深切的凝望。

現在是我們孝敬父母的時候了。孝敬父母並不是要我們去賺很多很多的金錢，然後用金錢去報答他們，他們這方面的需求事實上很小。正像一首歌中唱的那樣，「找點兒時間，找點兒空閒，領著孩子常回家看看」，父母最需要的是我們能夠盡可能的陪在他們身旁，讓他們多看幾眼，因為他們知道，他們能仔細看你的時日已經與日俱減！你不妨放下手中的工作，常回家看看，不要讓父母總是在期待中度日如年，他們需要你的陪伴……現在就打開你的關係背包，還在猶豫什麼，現在不是你為過去如何忽視自己內心最珍視的那些人而懺悔的時候，現在還來得及，重新整理你的關係背包，把你的情人、父母、家庭、朋友放在他們應有的位置，你的生活會隨著他們的「存在」而更加踏實……

第五節　同事關係

要善於成人之美

平時稍加留心就可以做到成人之美。成人之美是高超的同事相處藝術，和領導管理藝術。當你滿足了別人的願望後，別人就會感激你，像受了你的恩惠一樣，知恩圖報。很多有經驗的管理者就是用這種方式來凝聚人心、管理員工的。當你為別人提供了方便，使別人得到滿足，反過來別人也會設法為你提供方便。樂於成人之美的人總能得到別人的幫助和配合。所以成就別人也等於成就自己，推薦別人也等於推薦自己，稱讚別人也等於稱讚自己。生活就像山谷回聲，你付出什麼，就得到什麼；你耕種什麼，就收穫什麼。幫助別人就是強大自己，幫助別人也就是幫助自己，別人得到的並非是你自己失去的。

在一些人的固有思維模式中，一直認為要幫助別人，自己就要有所犧牲；別人得到了，自己就一定會失去。比如你幫助別人提東西，你就浪費了自己的體力、耽誤了自己的時間。其實很多時候幫助別人，並不意味著自己吃虧。你幫助其他人獲得他們需要的東西，你也會因此而得到想要的東西，你幫助的人越多，你得到的也越多。

助人者人恆助之。你怎樣對待別人，別人就會怎樣對待你；你怎樣對待生活，生活就會怎樣對待你。這是同事相處必須切記的一環！

多理解別人

當我們呼籲人與人之間要互相理解、互相尊重時，自己是否能夠尊重別人，有善意理解他人的意願呢？不要忘記，我們希望周圍的人多些愛護、多些同情心時，我們自己也同樣是「周圍人中的一個」。凡事別認為事不關己，生活需要真誠，幸運總是青睞那些對別人懷有真摯愛心的人。

儘量與更多人交往和接觸

你的進步，無論是職位的升遷或是工作的成果，得益於你各方面的社會關係。調查顯示，透過關係密切的同事（相當於朋友）的幫助得到好職位的人，較之於透過其他社會關係成功的機率要高得多。為了發展，你需要社會的幫助。你的聰明、才智、受的教育、工作上的努力、鮮明的個性特徵還不足以使你被社會所認同，你還必須與更多的人有來往。

尊重他人

許多魔術師看著觀眾，心中想：「坐在底下的那些人是一群傻子、笨蛋，我可以把他們騙得團團轉。」但赫華．哲斯頓的方式完全不同，他每次走上台就對自己說：「我很感激這些人來看我表演。我要把我最高明的手法，表演給他們看。」他宣稱，他每一次走上台時，總是一再地對自己說：「我愛我的觀眾，我愛我的觀眾。」為此，他被公認為魔術師中的魔術師。赫華．哲斯頓的成功秘方就是如此簡單，那就是他尊重別人。沒有什麼能比尊重更令人感激了，同事相處你必須給以尊重，你會從這裡獲得很多，包括同事的尊重、工作中的協調和配合等。

做一名好聽眾

請記住，跟你談話的人，對他自己的需求和問題，比對你的更感興趣千百倍。當你下次跟別人交談的時候，別忘了這一點。因此，如果你希望同事喜歡和你來往，請記住這條規則：「做一個好聽眾，鼓勵他人談論他們自己。」

得體地讚揚同事

得體地讚揚別人，能幫助我們消除在日常接觸中所產生的種種磨擦與不快。這一點在工作中體現得最為明顯。同事的工作需要你的認同，記住「讚言一句三冬暖」的道理！

莫犯「比別人正確」的錯誤

無論你採取什麼方式指出別人的錯誤：一個蔑視的眼神、一種不滿的腔調、一個不耐煩的手勢，都有可能帶來難堪的後果。你以為對方會認同你所指出的錯誤嗎？絕對不會，因為你否定了他的智慧和判斷力、打擊了他的榮耀和自尊心，同時還傷害了他的感情。他非但不會改變自己的看法，還會進行反擊。所以，你必須講求方式，儘量委婉，給別人留足面子。

爭論不會使他人改變

卡內基指出，十之八九的爭論結果會使雙方比以前更相信自己是絕對正確的。要是輸了，當然你就輸了；如果你贏了，還是輸了。為什麼？如果你的勝利，使對方的論點被攻擊得千瘡百孔，證明他一無是處，那又怎樣？你會覺得洋洋自得，但他呢？你使他自慚形穢，你傷了他的自尊，他會怨恨你的勝利，即使口服，但心裡並不服。

我親愛的讀者，以上幾點請你在與同事相處中切記。

第四章 重新整理你的背包

我們不可能抓住整個人生，所以必須懂得什麼是應該而且能夠抓住的、什麼是應該放棄的，只有如此才能提高生命的價值。幸福的生活在於懂得取捨的道理，以上幾個章節闡釋了什麼是幸福，幸福生活的取得和意義；怎樣安排和規畫你的工作背包？如何經營你的關係背包？現在該是我們各自整理自己背包的時候了。

第一節　如果只有一只背包，你想在裡面裝些什麼？

如果你能夠重新整理自己的背包，你會在裡面裝些什麼？每次打開背包的時候，你最希望看到什麼？要對以上問題做出正確的回答，你首先必須懂得以下道理：生活需要你有所為有所不為，而不是玉石不分的一股腦兒裝進行囊。

「無為」本是道家哲學，道家思想博大精深，是我們取之不盡、用之不竭的精神食糧。面對現實生活，我們還要構築起屬於自己的「無為觀」。無為不是不做事，而是不做那些無益、無效、無趣、無聊的事，更不是去做蠢事。無為是要理智地把握好「不做什麼」。無為是一種效率原則、養生原則、成事原則、快樂原則。

「無為」是一種境界

一位很好的朋友要求我送他一句有啟發性的話。我首先想到了兩個字，只有兩個字——無為！我不是從純消極的意思上理解這兩個字的。無為，不是什麼事也不做，而是不做那些愚蠢的、無效的、無益的、無意義的，乃至無趣、無聊，而且有害、有傷、有損、有愧的事。

人一生要做許多事，人一天也要做許多事，做一點有價值、有意義的事並不難，難的是不做那些不該做的事。比如說自己做出點成績並不難，難的是不嫉妒旁人的成績。還比如說，不起「無謂的」爭執、庸人自擾的得失、自說自話、自吹自擂、咋咋呼呼的裝腔作勢、只能說服自己的自我論證、小圈子裡的唧唧喳喳、連篇累牘的虛話、不信任人的包辦代替而其實是包卻不辦、代而不替，還有許多許多根本實現不了的一廂情願，及為這種一廂情願而付出的巨大精力和活動。無為，就是不做這樣的事。無為就是力戒虛妄，力戒焦慮，力戒急躁，力戒脫離客觀規律、客觀實際，也力戒形式主義。

無為就是把有限的精力、時間節省下來，才可能做一點事，也就是——有為。有所不為才能有所為，無為方可做成有為之事。

無為是效率原則、事務原則、節約原則，無為是有為的第一前提條件。無為又是養生原則、快樂原則，只有無為才能不自尋煩惱。無為更是道德原則，道德的要義在於有所不為而不是無所不為，這樣，才能使自己脫離低級趣味，脫離雞毛蒜皮，尤其是脫離蠅營狗苟。

無為是一種境界。無為是一種自衛、自尊；無為是一種信心，對自己、對別人、對事業；無為是一種哲人的喜悅，是一種豁達的耐性；無為是一種聰明，無為是一種清明而沉穩的幽默，也是一種風格。

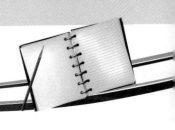

或許我們確實才具平平，成就一般，身無長技，又沒有好爹娘、好社會關係為你鋪路搭橋，於是在分房、升級、職稱，以及各種美差、苦差，油水、清水，優惠、刁難的事情上總是覺得自己吃虧。再和別的你以為是比你還不如、還一般的人相比，他們可能靠關係、靠鑽營、靠運氣硬是比你混得好，於是，人比人氣死人的名言就大行其道了。

為人者首先要找對、找到、找定自己的優勢。雖非大才，必有可取。相對而言，你應該發揮自己的長處，切不可離開自己的條件、自己的長處而這山望著那山高，總覺得生活在別處。如果你硬是從自己身上一點長處也找不到，恐怕也只好認命服輸。同時，如果你受到的待遇確實不公，你也可以據理力爭，帶上點火藥味。從某種意義上說，相爭、力爭、爭奪、爭吵一般是弱者的行為。你已經確認自身是弱者了，那麼我沒有使你不爭、使你無為而無不為、使你與世無爭而莫能與你爭的辦法。老子的無為而治是一種高智慧的理想境界，不是所有的人都達得到、做得到的。

無為的一些規則

深悟生活中「無為而有為」的道理，掌握「無為」的遊戲規則，你不會再為填滿自己的背包而忙忙碌碌疲於奔波，「無為」並不是讓我們大家無所作為、整天的無所事事，但是它時時刻刻的提醒著我們，生活並不是為了獲得而存在，豐富的人生要善於懂得取捨。

我們真正需要什麼，我們就在背包中裝什麼！你能夠做到嗎？如果你能，當你每次打開自己的背包時，呈現在你眼前的都是你最喜歡看到的，你會為自己的人生無悔而自豪！

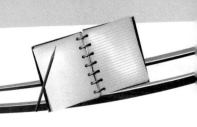

我們真正需要什麼？這是個首要解決的問題

大部分人可能都不知道自己真正需要什麼，而漫無目的的追求著金錢、地位、榮譽……所以很多人得到了這些卻愈發的困惑、茫然。當然，我們是凡人，我們需要金錢、地位、榮譽之類的東西，然而這些只是你生活中的一部分，或者說很少的一部分，除此之外，我們還需要家庭、健康、朋友，更需要自己有一顆寧靜而充實的心。所以你的人生行囊中不光要裝進去你的物質需要，還要承載更多用物質價值難以也無法衡量的精神。每個人的生活都離不開精神的支撐，否則總有一天，你的整個建築會坍塌！我們都是自己人生的主人，除非你想當奴隸！做你生活的主人吧！你不會再為生活的偏頗而煩惱，也不會再為追尋生命的意義而不知所措。

如果把你的人生之路比喻成一個無法控制的探險旅行，那麼，請你在上路時務必整理自己的背包。這裡面應承載的不光有大家熟知的物質（譬如金錢、食糧），還應該有精神儲備（你的家庭、你的健康、你的友情），這些是你前進路上的原動力，它能使你不怕道路的艱險和前行路上的黑夜，它是你前行路上的嚮導，使你不至於迷失方向，即使暫時的誤入歧途，也能把你拉上「回家」的路！這樣的人生一路走來，隨時打開自己的背包，你會為自己所擁有的而自豪、快樂！那麼，我們如何來平衡我們背包中的各種東西，消除精神和物質的衝突呢？

第二節　我的家在哪裡？

浩瀚蒼宇，夜幕星空，萬家燈火中，唯有一盞你最留戀。在這個避風的港灣裡承載了太多的內容：理解、關愛、包容、愉悅、健康、和諧……這個所謂的避風港就是你的家。美麗而幸福的家是人生的寧靜港灣，這港灣的燈火、月色、粼光、帆影是如此的和諧而美妙，這得益於其成員的協調營造和配合。

我要請問你，你的家在哪裡？哪裡才是你真正的避風港灣？哪裡才是你真正的心靈歸宿？是整天疲於工作的辦公室？還是那沒完沒了的飯店貴賓接待廳？你時常在家嗎？如果不是，那你為什麼不在家？對於以上的問題，你的回答也許會是：我在辦公室，那裡有太多的工作需要我去處理；我在酒店裡，我需要很多的應酬；我在出差，我要爭取獲得更大的乳酪……你的理由我相信還有很多很多，不勝枚舉。我要告訴你的是，這些都不是合理的理由，為什麼你會以這些看似合理的託詞作為你生活的重心呢？請你跟隨我的腳步慢慢前行，仔細體會。

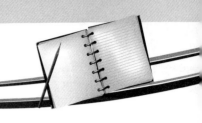

首先，請確立你的生活重心，然後我再告訴你家是什麼？你為什麼需要它？它會給你什麼？

人人都有生活重心，它是一個人生命價值的直接反映，它也是每個人制定自己人生目標和取向的基本原則。

美國心理學家柯維發現，人們的生活重心主要有九種基本形態，即：以配偶為重心；以家庭為重心；以金錢為重心；以工作為重心；以名利為重心；以享樂為重心；以敵人或者朋友為重心；以宗教為重心和以自我為重心。

生活的重心決定一個人為人處世的方式

生活的重心不同，處世的觀念就會大相徑庭。舉例來說，假設你已經買好門票，準備晚上與情人一同去欣賞一場音樂會，對方興奮不已，充滿期待。可是你的老闆突然通知你晚上要加班，因為第二天有一個重要的會議。你該如何決定你的行程呢？所有的一切會因為你的生活重心不同而改變。

但是，肯定的說，現實生活中的大部分人會選擇去加夜班，置自己的情人感受於不顧，把自己的情人冷落在那看似溫馨的家裡。我並不希望讓你對工作敷衍了事，但是我想讓你清楚生活不僅僅是工作，人們不是為了工作而生活，相反的，卻是為了生活而工作。我並不讚成那些「非此即彼」的觀點。生活和工作在現實生活中一個都不能缺少，但是你需要的是平衡，溫馨寧謐的港灣你不可缺少，你的所有家庭成員更不可少。

一九九〇年《財星雜誌》的封面故事標題為〈為什麼A級得分的主管卻是F級的父母〉，內容意味深長，發人深省！無可否認的，傳統的組織會促成工作與家庭之間的衝突。有些是由於個人為了成就事業，願為工作而犧牲；有些則是由於工作上的需求與壓力，無可避免地使家庭和工作的時間分配上發生衝突。這些工作上的需求包括出差、晚餐會議、早餐會報、週末外訓，或甚至習慣性的長時間滯留在公司。

工作與家庭之間的人為界線，從系統思考的觀點來看是毫無道理的，一個人的工作與生活其他方面，本來就是環環相扣的。家庭是你為了健康的工作而必須存在的。

為什麼你在家的時間隨著工作的擠壓而與日俱減呢？在工作與家庭不

均衡的背後有一個系統基模。這個基模稱為「富者愈富」（Success to the Successful），它包括兩個增強環路，分開來看，每一個環路都傾向於逐漸成長，但卻爭用同一個資源。在這基模的背後，個人、群體或組織不斷地為一項有限的資源而競爭。成功的一方，因為其所在優勢，傾向於得到更多的資源，而其他競爭者的資源則相對地減少。這些資源可能是多個事業部門競相爭取的有限投資金額；也可能是一間坐滿學生的教室中，某位老師有限的讚美；或者是一位忙碌的管理者有限的時間。

一個人如果在工作上投入更多的時間，而表現更好，產生更多機會，這會鼓勵他想要投入更多的時間在工作上，工作時間因而更長。同樣的，一個人在家庭投入時間與承諾增加，用在家庭的時間增長，因而提高家庭生活的品質（滿意的家庭關係、健康的子女、家庭的歡樂），就會想要投入更多的時間在家庭。然而，當這兩個增強環路被連接起來，用在工作上的時間增加，則用在家庭的時間必然相對地減少，反之亦然。像其他由增強回饋關係所主導的結構一樣，「富者愈富」這個基模的不安定是內生的，只要開始向其中一方偏移，就有繼續朝此方偏移的傾向。朝工作時間愈來愈長這一方偏移，有幾個理由。

第一是收入。工作時間影響收入的多少，經濟上的壓力使我們投入更多時間在工作上；第二是「用在家庭的時間」這個增強環路朝向負的、惡性循環發展的傾向特別強。如果你發現自己用在家庭的時間減少，家庭關係不佳，可能會有強烈心理壓力，因而更想要避開家庭問題。而此時在工作上力爭上游，便成了一個方便的藉口，避免回家看到不快樂的另一半與令人頭痛的子女。如果你用在家庭的時間減少，家庭方面的表現將進一步縮減，因此把時間用在家庭的渴望更為低落；第三，成功的專業人士為保持出色，必須投入比別人更多的工作時間，以及花更多時間處理來自同事欽羨的壓力，使花在工作上的時間多於花在家庭的時間。

因為「富者愈富」的不均衡結構是由增強回饋環主導，如果沒有外力介入，不平衡的狀態不會自動調整，而且會愈來愈惡化。這是為什麼工作與家庭間的時間衝突，如此難以解決的原因。

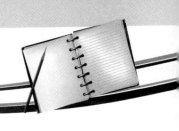

第三節　如何保證你在家的時間？

要改善工作與家庭之間的不均衡，第一件事就是走出這個結構，誠實地自問：兼顧工作與家庭是不是你的願望？你有多認真地在思考這個問題？

這不是一個無關緊要的提問。如果能兼顧二者很簡單，應該有很多人已經做到了。有許多人為這個問題傷神，卻很少有人用心達成他們所想要的平衡。用心選擇會使我們將設定在家庭的時間視為明確的人生目標。譬如，你晚上幾點回家？那麼晚餐會議將如何安排？週末將如何安排？《財星雜誌》中曾描述幾位主管決心一個星期將挪出多少個晚上在家裡晚餐、放棄週末打高爾夫、減少晚上的業務會議。這些看似無關要緊的行動，正是把兼顧的願望化成確切目標所必須的基本動作。

只設定目標而沒有一個真誠的願望時，一旦發現目標很難實現，有可能因而退縮。在某些組織中，管理者如果表明堅持兼顧工作與家庭的願望，在工作生涯的機會上可能要付出一些代價。在許多時候，採取這樣立場的人常會贏得同仁的尊敬——那些同仁在心裡可能也希望如此堅持。然而採取這樣的立場也會造成人際關係的衝突，尤其是在那些下定決心兼顧工作與家庭的管理者和不做如是想的人之間。對於這種情況，除了自我超越與釐清對工作參與的原則以外，沒有更簡單的解決辦法：

(1) 認清對你真正重要的是什麼。
(2) 做一個選擇（承諾真正重要的）。
(3) 誠實地對周圍的人說出你所做的選擇。
(4) 不要勉強他們同意或表面支持你的選擇。

畢竟，個人對工作與家庭所做的選擇後果如何，還將視整體組織氣候而定。

以上我著重闡釋了家的意義以及如何保證你在家的時間，下面讓我們繼續討論應該在家裡做什麼？怎樣才能有效利用在家的時間，從而讓你獲得真正的快樂和滿足……

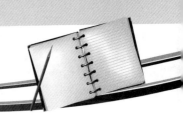

一、你要和家人共進早餐

許多人不重視早餐，為了趕著上班或者多睡一會兒，往往草草了事，甚至放棄早餐。可能你會說早上並不感到餓，但過低的血糖不僅會降低你的工作效率，還會影響到你的心情和人際關係，特別是家庭關係，這恐怕是許多人沒有料到的。

另外，低血糖引起的煩躁可能會成為影響夫妻感情甚至導致離婚的「第三者」。不少家庭對早餐的錯誤認識和忽略，使得家庭成員從一天的開始就已陷入蛋白質不足、血糖低下的境地，身體和精神上的不良反應不可避免。長此以往，會使家庭紛爭特別是夫妻間吵架的頻率增加，並不斷升級，導致感情的破裂。所以說，早餐長期被忽視會影響家庭和婚姻關係，絕非危言聳聽。

對於戀愛中的情侶來說，早餐的品質尤其重要。愛情是很講情調的，而情調是需要愉快的心情、充沛的精力和敏捷思維的。如果早餐不能得到重視，就會使人情緒波動、反應遲鈍，不要說情調，不吵架就已經不錯了。高品質的早餐對感情的「甜蜜發展」是非常重要的。

不良的早餐習慣和由此引發的不良情緒也會影響到工作表現乃至人際關係。有時，某人表現得急躁、神經質和舉止反常，好像「吃錯了藥」一樣，其實可能就是睡眠和早餐出了問題。可見，早餐不當，在工作、公眾生活和個人生活方面造成的紊亂和麻煩是很普遍的。對健康的人而言，只要膳食適當，使早餐具有相當的蛋白質含量，活力和生氣就會在一天開始充斥你的身心。也許有一天，你會吃驚地發現，許多事情都突然好轉起來，而愛情和事業也似乎變得容易了。

二、情人需要你的溝通，減少看電視時間

在家也可以工作，或者談談你的工作。年輕的朋友在戀愛時，為了取悅對方，行為求善、求美，說話格外謹慎。婚後，有些人就本性流露，大大剌剌，大有反璞歸真之勢，要過「正常化」的日子。正常化當然要有，但是相處的藝術不能沒有，所謂藝術，不是花招，而是要善待對方、會說話，追求的是密切的夫妻關係。

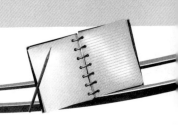

若以為好聽的話屬於婚前使用範圍，那就誤解了。甜言蜜語在夫妻之間不是「過去式」，而始終是「現在式」，老夫人哪怕隨便來一句：「老頭子，你來！」也可以說得情真意切。處於人生青春期的小夫妻，更要用言語時時溫暖對方，把「我愛你」、「你真好看」、「你今天好有精神」掛在嘴上，會使對方心滿意足。受話方報以一笑，就等於簽了回條。切不可不在意，把人家的一份美意原封退回去，說什麼，「別來這招了！」「你說溜嘴了吧？這話是預備說給別人聽的吧？」「我還不知道你是什麼變的？你要是閒得沒事，把你換下來的那堆髒衣服洗乾淨。」這些話都是不領情，丈夫得懂得寬納，可別較真，一較真爭執起來，融洽的氣氛可能被破壞得七零八落。

要創造家庭和美，夫妻相睦，當著家裡成員和在外人面前，夫與妻都要多講對方的長處、優點、惹人疼愛的地方，充分肯定對方的地位、價值，這樣的婚姻是棒打不散的。有意無意地小看對方、踐踏對方，家庭的穩定性就會失去保障。有些尖酸苛薄的妻子，老是位居高臺，頤指氣使地斥責男人：「我看見你就飽了！」「你永遠成不了大器，就會空口說白話。」把男人貶得一文不值，夫妻反目，爭吵不休成了家常便飯，即便還保留著家的外殼，裡面已分崩離析，你東我西了。

有效溝通的夫妻生活中，不時會有幽默的話語飛揚。幽默是生活的潤滑劑，消彌沉寂、減少煩惱、化解不快、活躍氣氛。有一對夫妻吵了一架，妻子一連幾天不理他，還寫了離婚申請書，要他簽字，他感到事情有點鬧大，想打破僵局。正好接到報社退稿，裡面有一張沒填姓名的退稿箋：「×××，來稿收悉，經研究不擬採用，特此退還。謝謝。」

他頓生靈感，在退稿箋上填上妻子的姓名，連同離婚申請書一併退給了她，妻子拆閱，「噗哧」一笑，柔柔的拳頭落在他身上，「你這個鬼精靈！」夫妻廝守最重要的，得說知心話，達到共識，彼此相知，互相支持，有福同享，有難同擔。夫妻之間的有效溝通是每一對恩愛夫妻必須的，缺乏有效溝通的夫妻關係是難以維持的。請不要忘了，你在家不是僅僅為了好好睡一覺，你要在溫馨的家裡多與自己的情人溝通，使你的避風港更加的溫馨而寧謐！

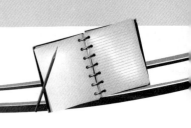

三、在家好好泡個溫水澡

根據科學測試，常泡溫水澡會使你精神飽滿，對你的健康不無裨益。家庭本來就是你的避風港灣，脫下你的西裝，解下你的領帶，去泡個溫水澡，從現在開始，建議你一定要養成常在家泡溫水澡的好習慣。

四、邀請要好的同事來家做客

家庭是我們人際關係的拓展平臺。不要每次客人來訪就去餐廳，你要學會在家中招待你的客人，一方面給你的客人被重視的感覺，另一方面，無形中也增加了你和家人相處的時間，你的家人也會在與訪客的相處中受益匪淺。

五、在家完成你的愛好

我敢相信你一定有著諸多的愛好，我也可以很有把握的說，你們其中很多人把自己的一些愛好拋在腦後多年了！現在重拾這些愛好還不遲，從現在開始為你的愛好訂個計畫，在家裡完成你這些年來淡忘了的愛好，你會從中獲得更多的幸福感和滿足感！

六、在家不要怕浪費電話錢

你要學會利用家中的電話，在家這樣一個寧靜的港灣裡，打一通電話給你年邁的父母（如果你和父母分居兩地），告訴他們你很想念他們；給你多年沒聯繫的親友送上一聲問候和祝福……

第四節　如何平衡你的生活

每個人都要面對現實生活的壓力，應該如何在關注內心的同時完成自己的社會角色呢？面對現實的各方壓力，我們首先要學會給自己減壓。

生活需要平衡，只是我們很多人忙於工作而忘記自己的健康和生活。你可曾為應付各種繁雜的應酬疲於奔波？可曾因為身心的疲憊而試圖逃避生活？這是你需要給自己「減壓」的預兆。

麥當勞公司最近在紐約時報廣場舉行全球新品牌推廣活動中，提出了「平衡生活」的新理念，即「所吃的就是所消耗的」（It's what I eat and what I do）。這個新理念鼓勵人們追求平衡的生活方法，注重合理的飲食與積極活動之間的互動作用，保持體內能量的平衡。為此，麥當勞公司展開全球性的活動，大力宣傳奧林匹克運動員就是堅持平衡的生活方法才獲得了金牌。國際奧會主席羅格高度讚賞「平衡生活」的新理念。來自中國、美國、加拿大、紐西蘭的奧林匹克金牌得主表達了對這種生活方法的體驗。

麥當勞公司真可謂是速食老大，市場的嗅覺如此靈敏，的確令人佩服。確實，當今的人們儘管物質生活豐富多彩，卻遺忘了生活原本需要的平衡，這個問題正逐步為大家所認知。生活的平衡首先要在自己的心裡覓得並建立起來，著名哲學家蘇格拉底有句名言：「這個世界上有兩種人，一種是快樂的『豬』，一種是痛苦的『人』。」但是，我們明白痛苦的人並不會絕對的痛苦下去，快樂的「豬」也不會絕對的快樂下去，只有對生活進行有益的平衡才是我們需要把握的。

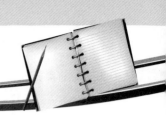

近來經常有朋友說心情很不舒坦，顯得沉悶而痛苦，於是有朋友說我們是不是應該少談點痛苦和鬱悶的事情。我想，這個朋友說的還真是不無道理，畢竟少關注負面的事情確實有利於調節我們的心情，使我們能夠更好的生活。

我不相信這個世界上有絕對的快樂，就像我更不相信這個世界上有絕對的痛苦。快樂和痛苦都應該是我們自己找的，不是有人說「態度決定一切」嗎？歌德說：「人之幸福，全在於心之幸福。」快樂是人生的一種態度，也是人生的終極目的。對任何人來說，只要端正了生活態度，也就找到了快樂。一位哲人說過：「我們這一代最偉大的發現是，凡能改變心境者就能改變生活。」快樂就在你心中，如果你在自己的心中找不到快樂，你就沒有地方可尋覓到快樂。

人一定有痛苦的時候，我猜測，任何一位藝術家都有過自我陶醉、放逐和流亡，但是他們都不得不面對扭曲的歷史和殘酷的現實，屈原、曹雪芹和司湯達莫不如此。偏偏有人能苦中作樂，從病痛裡過濾出快活來。蘇東坡就說：「因病得閒殊不惡，安心是藥更無方。」於是，燒了房子，有慶賀的人；一簞食，一瓢飲，有不改其樂的人；千災百難，有談笑自若的人。所以，人生雖不快樂，而仍能樂觀。

有人講：「淡泊是人生的一種愉悅，是對生命的一種珍愛。淡泊可以使你真正地享受人生，在努力中體驗歡樂，在淡泊中充實自己。擁有淡泊的人是幸福的，淡泊使人心更加純淨，事業更加輝煌。」於是我們明白了諸葛亮「淡泊明智，寧靜致遠」的深刻。我們不是藝術家也不是聖人，不可能完全的淡泊，但是，我們會學習著適度的淡泊。

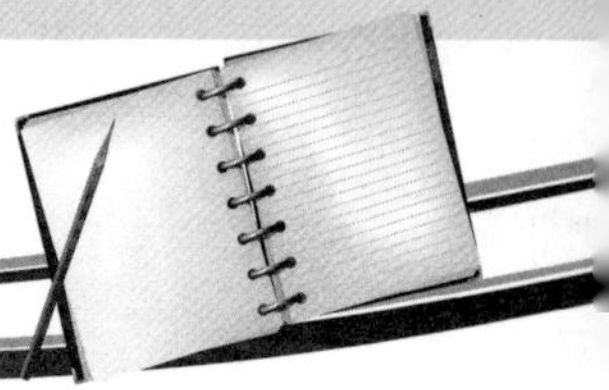

一切都是需要平衡的，平衡是有益處的，比如當我們開心的時候，就需要注意不要「樂極生悲」；當我們不開心的時候，要注意太沮喪不利於身心健康。馬克思曾經說：「我知道怎麼樣快樂，比如下棋等等，但是我也知道如果太過快樂不利於自己的工作。」白岩松在回答「你的痛苦是什麼，快樂又是什麼」的時候說：「快樂是今天比昨天好，明天也應該比今天好，所以我說痛苦會在每一個日子、每一個過程都存在，快樂總是在突然回頭的那一瞬間出現，我希望每一次回頭都能讓我們感到快樂。」

我們不知道也說不清楚自己是快樂的還是痛苦的，但是我明白，一個開朗的人文靜一段時間和一個文靜的人開朗一段時間，都是他人生最精彩的時刻。

每日面對汲汲營營的生活，怎樣才可以達到平衡？以下五點供大家參考。

1.善於說「不」！大部分的壓力都是來自過多的承諾。若你答應所有的事情，如工作、家庭、教會、社區服務，你便要向你的健康、私人時間說再見。你必須知道甚麼時候應該拒絕。先清楚瞭解自己的價值觀，甚麼事物對你來說是重要的，根據這個標準做選擇。

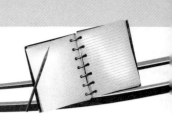

2.學會尋求幫助。不要獨自承擔所有事情，只有愚蠢的人才會這樣處事。找尋一些能支援你的人才及服務，這樣你的工作成效便可大增。不過，在尋求他人幫忙前，先清楚知道自己在哪方面需要幫助？以及何時需要別人的協助，這樣才會取得良好的效果。另外值得一提的是，學會了向別人尋求幫助的人，更容易建立起良好的人際關係，你還會在這個過程中得到意想不到的快樂，你不妨試試看……

3.寧缺勿濫。一顆巧克力可以帶來美好的享受，但整盒的巧克力便會使享受程度減低。生活亦是同樣道理。太多的事務，你不但只能蜻蜓點水式地參與，還會令你疲於應付。因此，你需要簡化你的生活，投入較少的精力，換取較大的滿足感。學會簡單生活，以童真的心面對！這是你平衡生活的一大法寶。

現在的都市人大多覺得活得很累，原因是什麼呢？社會太複雜了、生活太複雜了、心理太複雜了。身體的疲憊，睡上一覺就能解決，如果思想太複雜，想睡都睡不著。人類的痛苦有「身苦」與「心苦」兩種類型，身體有痛苦的人只是少數，而心理上存在痛苦的人是普遍的。複雜的社會、複雜的生活，使人活得很累；而複雜的思想，會滋生種種煩惱、妄想。相反的，生活簡單、思想單純，使人輕鬆自在。

4.小憩一刻。在工作中，設定數分鐘的休息時間。若你從事體力勞動的工作，每數小時休息一會兒。若你正進行「動腦」工作，你可停下數分鐘，看看窗外的事物，亦或容許你自己做做「白日夢」。當你的情緒正處在低潮期，暫時放下手上的工作，做一些能令你快樂的事情。定時的休息會為你帶來平衡的生活。

你時常需要三分鐘的「積極休息」，所謂「積極休息」是因為這種休息有別於單純的歇息，是為了保持工作和生活的效率而做的休息。所以稱之為「積極」的，是因為這種休息必須在短時間內達到最大的效果。事實上，在辦公時間內也不可能做長時間的休息。

一般而言，辦公室的工作會使人感到疲勞，大都是因為長時間保持同一姿勢，使得血液循環不良，導致肌肉疲憊。所以，如果你一直保持著前屈姿勢，那麼休息的時候可以做一些反方向的動作，使原本受壓迫部位的血液得以暢通，使用過度的肌肉得以舒展。這些動作實在很有效。

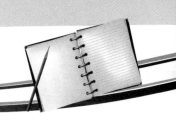

疲倦的感覺是生理自然反映出來的警告，提醒我們身體某部位已超過負荷。如果置之不理，將增加身體的負擔。所以，一旦出現了警告訊號，就要讓負擔過重的部位恢復正常，才是明智之舉。

既然是短暫的休息，時間就不宜過長，一般設定為三分鐘。把休息時間定為三分鐘，雖然沒有什麼學理上的依據，但確實有某些程度的理由。三分鐘正好是很多事情最小的段落。電話一通、拳賽一回合等，都是以三分鐘為一單位。因此，只要三分鐘，就足夠使疲憊的身體恢復原本的活力。如果超過三分鐘，可能會因為中斷太久，無法立即繼續先前的工作。這一來，休息反而降低了工作效率。至於這三分鐘的使用方法，可就因人而異了。為了使疲憊的身心得到休息，你可以放下手邊工作，聽聽音樂，或是欣賞自己喜愛的畫作。不過在辦公室裡，想要聽音樂、欣賞名畫，似乎有些困難，還是以活動一下身體比較合適。

當然，三分鐘不過只是大略估計而已。只要能達到效果，兩分半鐘或是兩分鐘也是可以的。

此外，並不是每小時都得休息三分鐘。只要覺得身心能保持最佳狀況，一點兒也不疲勞的話，繼續工作也未嘗不可。如果硬性規定每工作一小時就得休息，說不定會打斷正在進行的工作，反而降低了工作效率。更何況，做一下就休息一會兒，只能算是混水摸魚，而不是「積極休息」了。

午休也是一樣。如果無視工作進行，只因為時間到了就休息，往往會打斷正進入狀況的工作。所以，如果手邊工作進行得很順利，不妨在告一段落後再休息。

5.**勇敢面對現實**。很多人常在事情發生後說，「早知道我應該這樣做，不應該那樣做……」對事情的發生耿耿於懷，只會為你帶來不必要的壓力，亦會減低你的自信心。還是接受現實，豁達面對你自己及其他人。每當事情不如預期的順利時，你便可以平靜、坦然地面對。

6.**每天抽出一小時做你想做的事**。這是一個極其有用的放鬆方法，每天挪出一小時，可以是下班後，也可以是上班的空檔，去做你喜歡的任何一件事情，你可以去集郵，可以練習書法，可以去健身房，可以去做任何的球類運動。總之，去做任何一件你想做的事情，而且要力圖把它做得更好，精益求精。這樣的話，你不光得到了精神滿足，也使自己從繁忙的現實生活中解脫，身心得到了應有的放鬆，這是一箭雙雕、一石兩鳥，何樂而不為呢？

7.不要心疼你的電話費。我在此指的不是你業務上的電話。身心疲憊的時候，不妨打一通電話給你遠方的父母、家中的情人、多年沒有聯繫的朋友，述說一下自己的境況，也關心對方的境況。這些也是你理應做到的，我在關係背包中已經有過初步的論述。給他們打電話的同時，你得以從現實生活和勞累中解脫，從這方面看，你同樣取得了與上述第六點同樣功效。不妨試一試，如果你現在感覺疲憊和困惑，就請拿起自己的電話……

第五節　踏上自由之路

恭喜你！我親愛的讀者，在你整理好背包之後，你可以繼續上路了！祝你在新的人生旅途中順利而幸福！以下是摘選自本書的「金句」，與各位同享。

1.世間最珍貴的不是「得不到」和「已失去」，而是現在能把握的幸福。

2.人的生命是一篇小說，不在長，而在好。

3.人生就是這樣，有時你需要選擇，更需要勇於捨棄。

4.對於生活，我們需要的是平衡，家庭和工作在我的生活中同等重要。

5.我們得重新回到幼稚園。

6.你變得孤獨，就相當於提前死亡！

7.生活的幸福不是外在的一切，而是內省、是感悟！

8.生活真的是一本平淡而有內蘊的書，它需要的是寧靜、淡泊和暫離社會的那種「超脫」。

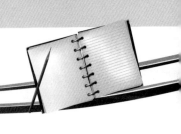

9.動物比人更快樂，這是人類的愚蠢之處！

10.童年因簡單而快樂！

11.生活永遠是一杯清水，本身既無色亦無味。

12.幸福是相對的！

13.世界是一個非此即彼的系統，一個因素否定了你，代表著另一個因素在肯定你。

14.人是不可能得到徹底滿足的，除非你的心先獲得滿足。

15.觀念引領生活，幸福的觀念產生幸福的生活。

16.用愛去生活，獲得大於付出！

17.我要有顆感恩而積極的心！

18.微笑將使你受益匪淺！

19.對於生活你賦予它什麼，它就是什麼！

20.生活是一面鏡子，你笑它也笑，你哭它也哭！

21.人生是一張紙，你把它畫成什麼樣子，它就會呈現什麼樣子！

22. 簡單的才是最好的！
23. 簡單是生活的本質，快樂是人生的真諦！
24. 生命是人生最大的資本！
25. 你不必事必親躬，你要學會授權！
26. 我要學會說「不」，從今天開始！
27. 友誼不等於順從！
28. 確立你的生活重心！
29. 生活需要你有所為有所不為！
30. 對婚姻傷害最大的不是憤怒，而是缺乏溝通！

國家圖書館出版品預行編目資料

同學會的啓示／江楓 作.
第一版——臺北市：老樹創意出版；
紅螞蟻圖書發行，2010.7
面 ； 公分. ——（New Century；35）
ISBN 978-986-6297-13-7（平裝）
1.生活指導
177.2 99012168

New Century 35

同學會的啓示

作　　者／江楓
文字編輯／胡文文
美術編輯／上承文化有限公司
發 行 人／賴秀珍
榮譽總監／張錦基
出　　版／老樹創意出版中心
企劃編輯／老樹創意出版中心
發　　行／紅螞蟻圖書有限公司
地　　址／台北市內湖區舊宗路二段121巷28號4F
網　　站／www.e-redant.com
郵撥帳號／1604621-1 紅螞蟻圖書有限公司
電　　話／(02)2795-3656（代表號）
傳　　眞／(02)2795-4100
港澳總經銷／和平圖書有限公司
地　　址／香港柴灣嘉業街12號百樂門大廈17F
電　　話／(852)2804-6687
法律顧問／許晏賓律師
印 刷 廠／鴻運彩色印刷有限公司
出版日期／2010年7月 第一版第一刷

定價220元 港幣73元

ISBN 978-986-6297-13-7 Printed in Taiwan

老樹創意

老樹創意

老樹創意